Hermes
the origin of messages and media

Hermes 015

如果台灣的四周是海洋

我們要敢於和過去不同，敢於和對岸不同，敢於在險境中開創新的未來。
二十年時間將決定我們是滅亡還是新生。

作者：郝明義
責任編輯：冼懿穎
封面、美術設計：顏一立
校對：呂佳真

法律顧問：全理法律事務所董安丹律師
出版者：英屬蓋曼群島商網路與書股份有限公司台灣分公司
發行：大塊文化出版股份有限公司
台北市 10550 南京東路四段 25 號 11 樓
www.locuspublishing.com
TEL：（02）8712-3898　　FAX：（02）8712-3897
讀者服務專線：0800-006689
郵撥帳號：18955675　　戶名：大塊文化出版股份有限公司

總經銷：大和書報圖書股份有限公司
地址：新北市 24890 新莊區五工五路 2 號
TEL：（02）8990-2588　FAX：（02）2290-1658
製版：瑞豐實業股份有限公司

初版一刷：2015 年 9 月
定價：新台幣 380 元
ISBN：978-986-6841-65-1

如果台灣的四周是海洋

我們要敢於和過去不同，
敢於和對岸不同，
敢於在險境中開創新的未來。
二十年時間將決定我們是滅亡還是新生。

郝明義

TAIWAN UNBOUND
REX HOW

前言

當我們只剩二十年時間

從二〇〇八年十二月三十一日接到的那通電話說起。

那年八月，奧運閉幕典禮後一天，我舉家遷居北京。

當時，我觀察中國大陸市場有二十年了。對一個台灣出版業者來說，這個市場如此重要，又如此難以捉摸；一切都要特許，太多灰色地帶又隱晦不明；我決定去親自住下來，試一下水深。

同時，我也決定走另一條路。趁著中國經濟起飛，全球都起來的中文熱，看看如何開發華語教學的數位商品，開拓國際市場，同時也算是在分散風險。

此外，我還同時在趕寫一本書，講我讀《金剛經》二十年卻漏讀了四個字的路程，也抒發我對這部經典的讚嘆。

幾件事忙得不可開交。直到那個年底的早上，當我終於寫好那本書初稿的時候，終於有一種喘口氣的心情。

就在此時，接到台北打來的一通電話。說是馬英九總統要邀請我擔任國策顧問。

如果那個邀請來得早一個月，或甚至早一個星期，我都會立刻婉卻。但是在那個心情輕鬆的時刻，我說考慮一下。

我先靜坐，向佛菩薩祈禱，後來就回覆對方同意了。

那之前，我只見過馬總統兩次，彼此有過的對話應該不超過十句。

關於「國策顧問」一職，我相信總統應該是超越黨派之上的，所以接受這個無給職的榮譽職位，也是著眼於希望能當中華民國的國策顧問。

我檢查一下自己平素的關注範圍。除了出版、文化的議題之外，我長期觀察中國大陸，加上這時又實際居住在北京，覺得還可以在兩岸問題上提供一些意見。

爲了不要只是佔個虛銜，我還提出希望能和馬總統有定期討論的機會。馬總統沒有答應最後這一點，但是其後不時會在一般資政、國策顧問聚會之外，找我和其他一兩位人士聚談。

這樣持續了兩年，在二〇一〇年五都選舉之前，我寫信給馬總統辭職。

我覺得自己產生不了任何貢獻。

眼看越來越多政務不是多頭馬車，就是無頭馬車；不是主從不分，就是疏於溝通，而我給馬總統的一些建議，難見實質的回應。所以我想辭職。

然而，最後我還是接受了挽留。

主要是聽了幾位朋友的意見。他們提醒我兩點：一，你只是個「國策顧問」，不是政務官，只要言所當言就是盡責；二，別忘了當初接下這個身分的初衷，你所獻策的對象應該是中華民國而不是總統個人，今天許多官員愛「看報治國」，你不妨迂迴前行，善用「國策顧問」的頭銜，從媒體上讓他們注意。

這樣，我接受了挽留，也開始在報紙上以「國策顧問」的身分發表文章。雖然，不時有一些懷疑還是會浮上心頭。

◎

回顧我給馬總統的建言和提醒，主要在三個領域：國家論述，也就是國家方向的重要；兩岸政策不要進退失據；各級政府失能，難以運作的現實。

二〇一三年年初，我在《天下》雜誌上發表了〈一個國策顧問的兩封公開信〉。一封是給馬總統的：〈方向是唯一的解答〉，另一封是給台灣社會的：〈做主人該做的事〉。

前一封信最核心的話是：「政府不把國家的發展方向說明清楚，卻只拿一些（經濟和外交上的）數據來強調自己的努力成果，形同一個司機始終在原地打轉，但卻不斷炫耀他的車速碼表在加快。沒有方向，領導者卻冀求民眾對施政『有感』，不啻緣木求魚。」

後一封信最核心的話是：「如果我們當眞相信民主社會裡，政府就是國民的公僕，那我們做主人的就該主動做一些事情……兩次政黨輪替都不滿意，我們更可以確信這個國家的未來應該掌握在每一個主人的手上，而不能任由僕人浪擲、揮霍。」

這兩封信收到很多回響。馬總統也約了我在二月底單獨聚談。

那天，我們談最多的還是國家的方向。此外，就是兩岸關係。並且，以兩岸關係當切入點，我再給了一些如何進行行政革新的建議。

一如既往，馬總統十分誠懇地做了許多筆記。

四個月後，我在一個極為偶然的狀況下，得知政府即將在重重遮掩、黑箱作業的狀況下簽署《兩岸服務貿易協議》（以下簡稱「服貿協議」）。

我為此寫了〈我們只剩下二十四小時了〉，開了所謂反黑箱服貿的第一槍。再一個月後，我在立法院發表了辭國策顧問的公開信。

◎

曾經，許多長夜，我在佛前靜坐，祈禱祂告訴我為什麼要繼續擔任一個沒有貢獻的國策顧問。佛始終不語。

直到在立法院公開宣布辭職的前夜，我先是感覺到，我之於這個職位的作用，可能不在接任，而在辭任。

再接著，我逐漸體會到：我說想為中華民國而擔任的「國策顧問」，原來是從我和馬總統告別之後才真正開始的。

這也是一條完全意外的自我學習和成長之路。

服貿協議的內容公布之前，我只是從出版業者看到的一點端倪，以為政府的失策是因為他們不了解，或不重視這個產業。公布之後，發現遠不止於此。

在那之前，我雖然早已體會到今天政府失能，難以運作的現實，但是畢竟還保持著一定程度的信任。然而，馬總統及其官員在處理服貿協議這件事情的心態、識見與方法，卻把我那一定程度的信任也打破了。

我對自己曾經寫過的那句話，有了更深刻的感受：「兩次政黨輪替都不滿意，我們更可以確信這個國家的未來應該掌握在每一個主人的手上，而不能任由僕人浪擲、揮霍。」

我要實踐我所相信的事情。

我能做的，就是盡量用清楚而淺白的文字，把我感受到的危險大聲地說出來，在迷霧中尋找回應的同伴，大家逐漸聚攏，同心協力地共同辨別方向，走出危險。

我幸運地找到一些伙伴，一起行動，走出了一條原來別人認為沒有機會的路。

和他們一起工作，我的許多問題得到解答，許多視野得以打開。

不止如此，接著我對參與其他公民行動有了興趣與動機，後來選擇核電議題，又有了一批新的伙伴。當然，核電又連結了環境保護及其他。

許多議題對我都是陌生的。但是感謝我原來的工作就是出版與寫作。吸收、消化各種知識，並設法找出最淺顯易懂的方式與其他讀者分享，本來就是我的生活。所以碰觸這些議題，固然有壓力，但也有樂趣。

就這樣，我一路練習思考台灣的現實與未來。

時間過去了兩年。

如果說當時政府所簽的服貿協議是一場突如其來的急病，那直到今天我們還在加護病房之中，甚至看到病危通知。

兩岸政策，仍然在混亂，甚至惡化之中。

此外，憲政扞格、國防鬆散、行政系統失靈、食安崩盤、產業轉型和升級無解、空污嚴重、水資源破壞、經濟日益倚賴對岸、國債破表、年金破產、新生人口減半後還持續減少、國民整體健康卻持續惡化……太多關鍵問題都已經到達或超過了我們可以負荷的臨界點。

更別提堆積超載，無處可去，卻還是有人想延時使用的核廢料，可能隨時讓我們的家園全毀。

太多過去的問題相互糾纏。不只拖累，甚至在癱瘓我們；不只癱瘓，甚至在窒息我們；不只窒息，甚至將粉碎我們。而檯面上的政黨，不論朝野，都對這些問題的肇因難以卸責，所以也難指望他們有大破大立的視野與解決方法。

我聽到周邊許多人在嘆氣，在悲觀。

我很少回應。

不是不悲觀。我的看法是：如果任憑這種情況繼續下去，我們根本就是滅亡在即——不論是國家還是環境。

但我也因為悲觀而相信必須樂觀。樂觀於相信我們還是可以改變這些跡象的走向，樂觀於我們可以改變未來。

最開始，只是一些信念在支撐我。中華民國是亞洲第一個共和國，歷經動盪、無數人的奉獻犧牲，在台灣大家又付出這麼多時間和代價，才熬煉出今天的民主局面。現在說是因為一個個民選的政黨人物有負所託，因為他們的私利、偏執、無能，就要導致這個國家的滅亡，無有此理。

後來，兩年的學習與成長之旅，讓我更有了眞正樂觀的理由。因為我見識到什麼是台灣的眞正生命力：台灣的公民覺醒與行動。

我觀察一些公民行動，和主事者交往後，得出這麼一個結論：每一個無能的政府官員，每一個無知的決策，都在民間培養了相對應的異議者。政府固然靠著資訊不對稱的優勢而仍然佔有一些上風，但是在網路時代，又是民主社會的台灣，這種優勢越來越小，越來越短。

相對於政府官員「以畏葸為愼，以柔靡為恭」的特質，這些民間異議者，雖然一個個沒有什麼大的組織規模，許多人更是單兵作戰，但最大的特點就是大家充滿熱情。可歸因於政府不當決策、推拉拖延而造成的一次次社會事件，一方面使大家付出痛苦的代價，但另一方面也成了滋育、刺激這些人茁壯、行動的養分。

這些人，有的還是有自己傾向支持的政黨，但是已經不再迷信於救世主；有的不再信任國、民兩黨的任何之一，決定要走出第三力量；有的更完全拋開政黨的意識，先行開展自己相信的行動。

台灣的未來，可將因爲這些新生的公民覺醒與行動而改變。但這些能量還在新生階段。到底這些能量會及時整合，成爲推送我們升空，遠離毀滅的火箭？還是各自綻放，只是我們在毀滅之前看到的一些美麗煙火？

因此，今天台灣來到了恐懼與希望總合的一刻。而我們所剩的時間不多了。

我聽過最悲觀的看法是，這時間將不超過五年。但我願意樂觀一些，相信最多二十年內，我們可能目睹自己的滅亡，但，也可能，目睹自己的新生。

決定滅亡還是新生的，除了我們的希望、意志和努力，最重要的就是時間。我們在和時間競賽。現在許多問題我們看不出解答，但是只要我們開始正視、努力，時間會是最公平的顯示者。所以我們要盡力拉長可以努力的時間，更不能浪費任何可用的時間。

我曾經認爲需要更多的時間來寫這一本書。但因爲許多問題緊迫無以復加，而二〇一六年馬上要到來的選舉，對未來的影響又是如此關鍵，所以我決定提前出版，即使有些說明可能還不夠周延。

◎

基本上，寫這本書，我是在記錄這兩年自己對台灣社會的觀察與思考，加上收集我訪談許多人而得到的各種恐懼與希望。我整理這些恐懼與希望的關聯，也提出我的體會和建議。

共有三個部分的內容。

第一部：〈恐懼的總和〉。

我整理了一些我看到的危險：

不論誰執政，都要面臨已經崩潰、無從運作的政府。

沒有下一棒可以跑下去的經濟。

我們在拚命遮擋年輕人的希望。

我們樂於把環境和資源破壞到無以復加。

偏偏，核廢料的累積，已經超出了可能隨時毀滅我們的臨界點，而許多人寧願視而不見。

至於深刻影響我們的兩岸政策，國民黨和民進黨事實上都是盲目地欠缺第一哩路，而不是最後一哩路。連服貿協議，都還是一顆未爆彈。

第二部：〈希望的總和〉。

相對應於恐懼，我也看到希望：

新時代的「協作」特質、全球化特質，在台灣推動三種人才出現。

一些敢於告別過去，推動新產業的範例出現了。有年輕人在亮出台灣前所未見的銳氣，有中年大叔在創造世界級的夢想，還有更大年紀的人在示範我們面對能源的新立場。

更多的年輕人，以相較於五年前高出六倍的人數、難以計量的熱情，投入各種社會運動、公民運動，親身實踐也呼朋引伴地改造自己的社會和環境，創造自己的未來。眞正是風起雲湧。

急統和急獨都是在用哈哈鏡看對岸，不是過度誇大了對岸，就是過度渺小了對岸。而我們實際需要的是一面鏡子。善用鏡子，我們會發現，面對對岸，其實就是面對我們自己靈魂的三道試煉。通得過這三道試煉，我們就可以脫胎換骨。

並且，我們的憲法時刻到了。癱瘓的政府必須從根本上解決，由公民而不是政黨發動的修憲的時刻到了，也是每個人需要參政的時刻到了。

這些希望，讓我們相信台灣可以從險境中創造一個嶄新的未來。

第三部：〈Case Study：一段公民行動路線圖的解析〉。

開反黑箱服貿第一槍的時候，我像是在黑夜的濃霧之中。不知道究竟在發生什麼事，更不知道接下來的去向如何。但是逐漸地，因爲聽到回音，因爲聚集了同伴，因爲大家的分工合作，我們撐到了可以看到一點天色，摸清一點周遭。

之後，我們看出方向。有了方向，再定目標。有了目標，再定進程與時間。有了進程與時間，再定方法。這樣，事情逐漸往我們希望的方向發展。

在這個過程裡，從一開始，我就知道：要相信筆的力量。隨著時間推進，我更越來越有計畫地使用自己的文字，當一種火力。

每篇文章發表，我都仔細觀察彈著點，再設定下一篇文章的方向。或者，自己發動一次攻擊；或者，支援同伴的前進；或者，先停止不動。

因此我整理了一些發表過的文章，每篇都加上「寫作背景」，說明寫作當時的動機和著眼點，也加上「後續發展」，說明這篇文章後來發生的作用。

台灣接下來各方面的改變，都需要公民行動。公民行動都需要論述，需要文字的闡述，需要相信筆的力量。

我希望把我自己反黑箱服貿的這段經驗提供出來，當作個案分析，給大家參考。

◎

很多人聽了《如果台灣的四周是海洋》這個書名，都問我：我們的四周不就是海洋嗎？難道不是嗎？

地理條件上，是。但是在心態和認知上，我們不是。

各種原因，使得台灣明明在海洋之中，但是卻長期背向海洋；使得我們忘了面對海洋該有的冒險探索，而只固守小農耕作的保守心態；使得我們身處豐饒之中，卻看不清自己的資源，反而一路製造越來越大的破壞，終致深陷困境，甚至絕境。

不論面對眞實的海洋，或是面對心中的海洋，我們都需要重新審視自己、四周、資源、世界，然後在其中找到新的位置和機會。

今天很多人都在說我們到了一個人人都是媒體的時代。我還要再加一句：今天也到了我們每個人都應該是大推理家，每個人都是NGO（公民行動組織）的時代。

當個大推理家，我們應該對所有之前累積下來的謎題與難題，不要感到憤怒與恐懼，而是心存感激。

當個NGO，則要倡導議題，呼喚並聯合大家一起行動。

所以，如果我們當眞認清台灣的四周是海洋，海洋才是我們的生命基因，那我們就要敢於和過去不同，敢於和對岸不同，敢於在險境中開創新的未來，用二十年時間脫離滅亡而新生。

◎

狄更斯《雙城記》的開頭，應該是爲台灣所寫的。

的確，這是一個最黑暗的年代。

但，這也是最光明的年代。

《易經》的鼎卦，有一句話：「君子以正位凝命」。對這句話，有註解這麼說：正位，是「不使之傾」；凝命，是「不使之渙」。

在自己的國家可能傾圮，人心可能渙散之際，我們每個人都要行動。正位，不使之傾；凝命，不使之渙。

當別人只能倚賴明君出世才能解決他們的問題之際，我們卻可以由一個個公民來行動，這是何等豪氣。

我們應該微笑一下。

台灣的四周，是海洋。

目次

第二部

希望的總和

目次

第三部

一段公民行動路線圖的解析 Case Study

第一部

恐懼的總和

The Sum of All Fears

救世主改善不了的行政崩壞

多重病灶，相互糾結，一路惡化，使得行政崩壞，政府難以運作。

會計法送進立法院發現漏字、總統府讓一個精神失常的女人走上五樓、塑化劑與食用油延燒的風暴、桃園機場讓活貓夾帶出境、貴婦團阿帕契事件、跨部會拚經濟卻越拚越糟……這許多新聞共同告訴我們的是什麼？

政府的運作已經癱瘓，行政已經崩壞。

對現在的台灣，這是個難以寄望救世主改善的難題。

這個問題有多重病灶，有行政體系的、有立法院的、有立法與行政權扞格的，也有因爲國家治理權力混淆不清而導致的。諸多病灶，相互糾結，一路惡化，到馬英九總統任內則達到新的高峰。

我先集中談行政體系本身的。其他的都放到本書最後一章再談。

我要講一個董鵬程的案例。

◎

董鵬程先生於一九七〇年代之初創立世界華語文教育學會（簡稱「世華會」）。四十多年來，他開創了許多里程碑，全世界做華語教學的人，都對這位先行者敬重三分，包括對岸。

二〇〇九年底，世華會召開每三年一屆的教學研討會，馬英九總統蒞臨致辭，嘉勉董鵬程的耕耘，一年後更特別召開「如何推動國際

2009年12月舉辦的「第九屆世界華語文教學研討會」，馬英九總統在台上致辭。（圖片來源：世界華語文教育學會提供）

華語文教育」會議，邀請他到總統府提出建言。

這場會議規模盛大，充分顯示政府的重視。馬總統主持會議之外，當時的行政院吳敦義院長、陳冲副院長、曾志朗政務委員、吳清基教育部長，以及僑務、外交、文建會、國科會、客委會等機關首長一同出席。董鵬程於會中提出諸多具體建議，獲得採納，並決議由行政院成立跨部會推動小組，該小組再在教育部下成立一個推動指導委員會，其後三年時間內召開了四十多次會議，確認了一個把華語文教育當產業輸出的八年計畫（以下簡稱「華語文八年計畫」），編列三十億元的預算。

語文教育，一向不只是語文教育的事。英國政府如何結合國力，支持英語在全球的推廣，是大家都知道的。近年來中國經濟起飛後，他們如何透過孔子學院，把中文當作一個國家戰略向全球推廣，也是大家都看到的。

所以，今天在中國崛起，全世界都重視中國的潮流中，台灣也需要了解自己使用的語文在其中的戰略地位；台灣不但要讓全球知道我們所使用的華語和這股中國熱大潮的關聯，還要解釋清楚自己的語言，以及由語言而顯示的社會特點。因此，這裡頭有語文產業的考慮，更有文化與自己主體性發聲的著眼點。

在這樣的背景下，我們政府後知後覺地重視華語教學的輸出，八年總經費也才不過三十億台幣，雖然離對岸孔子學院光二〇一三年就有五億七千多萬美元（僑辦等單位還不計）的預算甚遠，畢竟是有了開始，被各方視爲一個激勵人心的開端。董鵬程也爲此精神大振，準備結合新的資源來做些以前做不到的事情。

然而，這個八年三十億的「華語文八年計畫」，後來卻面目全非，難以爲繼。

二〇一三年六月，教育部徵選華語文八年計畫之工作規劃，有世華會、資策會、外貿會等三個單位參選。最後是資策會得標。

同年四個月後，教育部基於資策會得標所做的工作規劃，再徵選一個籌設華語文教育全球發展協會（簡稱MEGDC）的方案。資策會前後舉辦過多次說明會，並且在公布徵選辦法的時候表明立場：「資策會只是規劃單位，將來不參加執行工作，請各單位踴躍參加投標。」

董鵬程再次參加，還撰寫了「邁向國際華語文教育白皮書」。

教育部本來說會在當年年底公布這個MEGDC標案的徵選結果，但一直到次年年中都沒有消息。不但沒消息，到了二〇一四年七月，教育部又另提一個內容大同小異的新標案，再要世華會提交規劃說明書。董鵬程又再度如期投標，過了一個多月後，在教育部網站看到一則公告，該案由資策會得標。

董鵬程馬上向教育部抗議，也向行政院公共工程委員會申訴。

他最沒法接受的有兩點：

一、資策會成為八年計畫的工作規劃者之後，再徵選MEGDC的成立方案，結果其本身同時也再參與競標，形同裁判兼球員，於法於理於情皆不當。資策會得標的計畫書的清白，都要被質疑。更何況中間還有一次徵選結果不明不白的失蹤。

二、MEGDC畢竟要負責我國的華語文教育全球發展策略及資源整合。資策會不論在華語文教育的專業知識、經驗、資源、人脈與願景上，都不足以與世華會相比。但是從華語文八年計畫的規劃到執行，全都由資策會得標，根本是外行領導內行。

董先生告訴我這些情況後，我向當時剛上任的教育部長吳思華代為轉達。不久，董先生告訴我教育部宣布廢標，原負責此案的人員也調離原職。只是MEGDC案的下一步怎麼走，則再沒見下文。

換句話說，曾經如此從國家戰略的層次思考，跨部會決議層級如此之高，並有八年三十億經費的一個計畫，也就如此無疾而終了。

今年八十六歲的董鵬程先生經過這一連串打擊，心灰意冷，著手準備結束世華會的運作。

我認爲這個案例可以很有代表性地說明政府目前行政崩壞的許多層面：

一、政府對國家重要的戰略並沒有深刻的思考，所以也沒法堅持。

二、對自己國家與社會的資源與人才，也沒有深入的了解，因此外行領導內行所在多有。

三、好不容易決定了的重大政策，沒有追蹤執行的機制。

四、欠缺跨部會之間的協調與溝通，所以反而是越重要越需要跨部會協調溝通的計畫越沒法推動。

五、因爲沒有戰略思考，所以重要計畫沒有整合也沒有重點，只有看來琳琅滿目、數量很多的子計畫，但實際上備多力分、支離破碎。

六、因爲大計畫被切割得細碎零落，上級單位沒有人關心整體如何執行，下級單位則急於搶食預算。

七、政府計畫都開放競標。即使是國家重大計畫，交由人數往往不過五、六人，每人領取微薄酬勞的評審委員來決定，結果政務官不負責，事務官不作爲。

八、又因爲政務官的頻繁更動，某些事務官想要「有作爲」的時候，卻又容易任意而爲。以本案爲例，就會出現教育部縱容資策會身爲招標的承辦單位卻又同時參與競標而得標。

九、至於許多基層的公務人員在作業上不會重視基本守則，出現種種荒誕的鬆散與失誤，就更不在話下了。

在這樣的情況下，政府說什麼要拚經濟、重視民生，都是空話；一旦碰上緊急、重大的意外事件，慌亂失措固然難免，不火上加油造成更大的傷害已經是萬幸了。

◎

我在國策顧問任內，就一再以行政崩壞，政府難以運作的問題來提醒馬總統。有一篇是在馬總統連任成功之後發表的。我指出，有些問題不能全部歸責於他，並對他提出鼓勵：

從李登輝前總統精省而給行政體系製造空白與紊亂開始，加上陳水扁前總統貪腐執政的副作用、第二次政黨輪替後許多公務人員還沒來得及調整的心態，以及今天全世界新生事務及變化之大之快，非過去傳統思維和行事模式所能處理的現實，內外夾擊，造成一個各級政府難以治理，公務員行事難有依據的困境。看報行事，成了公務員最便易之輕，也是不可承受之重。您身為全國公務人員的表率，應該建立能夠對應二十一世紀情勢的「廉」、「能」兼顧的治理系統。（〈馬總統脫胎換骨的三個關鍵〉）

很可惜，八年下來，馬總統沒有讓一路惡化的問題獲得改善。到了他手上，更因爲他個人特殊的執政風格，造成更多險惡的演變。

未來，如果我們要防止新的政府再加薪添火地惡化問題，並且能逐步清理長久以來的積弊，那就需要正視一些多年來從中央到地方政府形成的共業，追蹤一些根由，以便思考對策。

我自己一直認爲李總統任內的凍省（實際上的廢省）有很大的影響，因此決定去找在省政府和中央部會都工作過的官員來訪談，請他們比較一下凍省前後的政府運作。

我先找了文化部長洪孟啓，他曾經在省政府擔任過文化處副處長；接著，是前任內政部長李鴻源，他在省政府時期當過第一任水利處處長。

主要基於和他們兩位的訪談，再加上向憲法學者的請教，我整理出凍省及其後一些措施所造成的問題如下：

銜接中央與地方的治理環節消失

在中華民國的憲法中，各省政府有具體的功能。中央是政策，省是執行，再面對縣市。來台後幾十年，一直如此運作。倉卒凍省，事先沒有設計好中央直接面對縣市的新機制，再加上以前省府時期的人才大量流失，中央與地方的政務就產生許多對接失措之處。譬如八八風災之後，就出現一個這樣的例子：中央撥給台東縣二十六億元治水，但台東縣水利課只有四名人員，根本不知如何使用這麼大的經費。因此三年之後，課長寧可辭職，也不要冒上失職的風險。

中央與地方分工消失

以文建會和省府文化處的分工來說，當時文建會像是在管軟體，文化處像是在管硬體。而省政府和地方政府也再有分工，文化處做田野調查，再要文化中心各有發展重點，譬如台北縣是陶瓷、桃園是家具、新竹是玻璃等等，一路下去，各縣都有自己的特色和重點。

現在的文化部則很少做這種政策補助，而是多鼓勵各縣市提出競爭性計畫，再交由評審委員去審查。這種方向使得各縣市提出的計畫往往雷同，而中央的人員也缺乏思考政策的動力和經驗。

人才培養體制消失

以前省政府是介於中央和地方縣市的文官人才訓練所，也是人才的儲存與調撥庫。縣市公務員可經由拔擢而進入省府，再經由歷練而到中央；中央的人才也可以經由到省府的歷練而有面對全台灣的格局，再回到中央更上層樓。如此培養出來的文官，比較會了解政策，知道如何執行，也了解地方的需求。凍省之後，這個人才培養體制消失了。

而中央的公務員也失去了到地方歷練的機會，更難以改善從過去就長期存在的從台北看天下的心態。

本來政府應該是事務官照標準作業程序走，政務官在超出標準作業程序的時候做決策。但是從二○○○年之後出現事務官和政務官分際被打亂的情況。現在政務官經常用事務官思維，而事務官也欠缺歷練和作業經驗。

決策神經太長太慢

過去的省政府是實際執行中央決策的機關，而所有的廳處長都住中興新村，大家互動密切，執行上碰到需要協調的問題，可以很快溝通解決。

現在中央要自己執行決策，但沒有平台。中央部會之間就說要建平台，也得兩個月見一次，決策神經拉得太長太慢。

行政院組織改造及六都改制並行所造成的新問題

凍省之後，政府應做的組織架構調整還沒做，就又把行政院組織改造和六都行政區重劃同時進行，李鴻源認為是一大失誤。不但中央和六都許多組織重疊，人事膨脹又浪費，六都之外的十三縣更淪為政府治理的盲點。

◎

由於行政崩壞的這個問題太關鍵，所以後來我決定訪談有意參加明年總統大選的四個人，專就這一點來問問他們的看法和解方。

他們的回答，我寫在本書第一部的結語：〈統獨提款機〉。

沒有下一棒的經濟

比起全球性的經濟風暴，更嚴重的是我們自己的體質出了嚴重問題。

政府說要拚經濟，不知講了多少年。今年經濟成長率連保一都出了問題，加上出口連續衰退，股市崩盤，「拚經濟」、「拚出口」的聲音又不絕於耳。

我一直認為：經濟不能用拚的。沒有產業升級與轉型的方向卻要拚經濟，像是在旋轉籠裡原地跑步的天竺鼠，只會把自己累死。

拚經濟都如此了，拚出口的說法當然更不必提。全球景氣都進入低迷，能出口的國家沒有人不想拚命。這不是自己喊拚命就可以解決的事。

最近，韓國總統朴槿惠在演講中表示，「全球經濟的競爭將『日趨激烈』，強調南韓經濟需要『動大手術』，才能擺脫經濟成長率低迷的困境。」所以未來三、四年將是攸關韓國成敗的關鍵時刻。

韓國知道自己需要動大手術，但是我們的政府顯然渾然不覺，或覺了也無能爲力。因爲如前一章所說，今天我們政府的問題之一，就是上層戰略思考太少，而執行上看來多樣，但實際上支離破碎的計畫太多。

因此，雖然我們的財經高官也在努力端出一道道方案，但是顯然民間並不買帳。因而有人說這是在還沒處理的傷口上貼OK繃，只會讓病情惡化。

◎

我們的經濟到底出了什麼問題？

有沒有一種比喻，能把台灣經濟的困境做個淺顯的說明，不用專業術語，也不用數據，就能讓一般人明白？

給了我一個說法的人，是一家叫貝殼放大公司的負責人，今年二十八歲的林大涵。大涵說話速度很快，不只可以充分感受到年輕世代的熱情和創意，還有很練達的人情觀察。

那天，大涵說了句話：「經濟發展是接力賽，台灣現在這一棒跑太久，又沒看到下一棒。」的確今天台灣經濟的各種困境，都可以用「現在這一棒跑太久，又沒看到下一棒」來解釋。所有現在已經長跑了三、四十年的一棒，在過去都有其階段性的意義，但是長期沒有下一棒地跑，不只出現疲態，還跑出種種問題。

◎

跑得太久的第一棒，是在產業結構上，我們過於重視製造業太久了，結果長期忽視附加在硬體或可以啓動硬體的服務與軟體價值。十幾年來，以對岸爲代表而蓬勃發展的互聯網，以及與其關係密切的娛樂及內容產業，更不在我們的注意之中。而製造業裡，我們又把半導體業、電子業當明星太久了，把太多資源集中給他們，以致忽視國內大量其他行業的中小型業者。

不僅如此，也造成一些人才資源的錯置問題。

我最早聽到對半導體業、電子業的質疑，來自於幾年前前監察院長王作榮之子——王念祖。他在媒體上說他回國創業三年，一直很難找到人才，因爲都被知名科技大廠搶光了。而他說這些優秀人才進了大公司卻盡做簡單的事，「幾年後會變成白痴吧？」

交大機械工程系教授吳宗信，也擔憂半導體業和電子業對台灣社會的人才資源所產生的影響。吳宗信有多名博士生去一家指標性的半導體大廠工作。他呼應王念祖的說法是，這些科技大廠的R&D裡有很大一部分是用來購買國外先進但昂貴的機器。加上代工注重改良的是「良率」，去個人化，確保找的人可以被取代，所以即使是博士畢業的人，經常負責的也是相對簡單且重複的工作，造成高階人才被浪費之嘆。

「博士生都這樣了，其他碩士畢業的學生我相信更多是從事類似的工作。這是在浪費國家教育資源，消費人才，也難怪台灣永遠走不出代工的緊箍咒。」吳宗信說。

台灣數位協會秘書長徐挺耀也有類似的看法：「有些科技大廠三十幾歲在營運層的人，其實應該出來幹互聯網。他們雖然拿高薪，以他們的本領出來會更厲害。」

更麻煩的是，由於我們整個社會長期習慣於製造業和代工這種思路，所以已經受到一種制約。我們不但沒能參與互聯網產業，以及娛樂和內容產業的發展，顯然也將跟不上很多人熱論的物聯網時代。

物聯網的物，要有附加的服務與軟體價值，這是我們所不足的，也是大家所知道的。最近我看深圳形成的「創客」（Maker）產業鏈更覺得是個諷刺。

「創客」，是應開放源碼以及開放硬件之興而出現的人。所謂開放硬件，就是這些零組件一個個像是積木一般，可以方便別人組合出產品。而「創客」，就是本身會發想新的零組件，或是使用開放硬件來實驗製造各種產品的人。換句話說，「創客」現在可以方便地購買一個個開放硬件，自己就組合出他心目中有特色的東西，可以是手機、鍵盤或其他東西；並且也可以發想一些新的零組件來做新的嘗試，同時方便其他人用來組合別人心目中想要的東西，譬如幫帕金森氏症病人穩定喝湯的湯匙。

開放硬件使得不是做工廠、沒有機械工程背景、沒有製造業背景的人，也能當「創客」；使得藝術家、畫家、文學家也能方便地製造出一個奇特的產品原型。

以台灣製造業這麼強的背景，眞該是有開放硬件產業群聚，形成「創客」產業鏈的好地方。然而沒有，實際上這些事情發生在深圳。爲什麼？

我問深圳一家有代表性的開放硬件生產者 Seeed 在台灣的代表人林能爲。

「創客要生產的零組件的量，可能很小，只要十個、二十個。他們組合出來的產品原型要量產，可能也只是上百個。」林能爲說，「台灣廠商受限於過去的經驗，像消費型電子業接訂單往往少於一萬件就不接，沒法滿足創客的需求。而深圳的廠商彈性很大，什麼都接。」

現在 Seeed 正積極來台，希望跟台灣的設計師、創客合作，開發更多有趣的項目。

創客還正方興未艾，我們可以想像，一旦「創客」變成全民生活的一部分，這些「創客」發想出來種種結合硬體、軟體及服務的產品，勢將成爲支持物聯網發展的巨大基礎。而我們還沒有意識到。

我要說的是，半導體業和電子業不是不該繼續存在，而是不該以我們唯一的明星產業存在。不然，就像財金文化董事長謝金河所說，等紅色供應鏈的威脅再增強，我們就可能動搖國本。唯一的明星失色，我們就要陷入黑暗。

◎

跑得太久的另一棒，是外匯外資至上的觀念。

因爲被出口創匯至上的觀念綑綁太久，政府給了半導體業、電子業太多減稅與補貼的好處，結果形同以全體國民的稅金來奉養他們。

我們既愛外匯又愛外資。我們可以說，台灣是個竭盡所能想要吸引外資進來的國家；不惜讓本國企業遭受種種不公待遇，也要吸引外資的國家。同樣開一家公司，以外資來投資，比起以國內投資者的身分，更加享有種種優待；同樣買股票，以外資身分來買，要比本國人繳的稅少。這可能是從過去台灣落後、貧窮時代就養成的心態，到現在擁有高額外匯存底了，可還是改變不了。

但是很諷刺的是，台灣實際吸引外國投資的成績是極差的。台灣每年吸引外國的投資，不要說比不上韓國，只有新加坡的零頭，近年來更一直在全球兩百多個國家裡排名末端。二〇一一年，我們連北韓都輸了，只贏非洲的安哥拉，全球排名倒數第二；二〇一三年，我們只贏北韓和巴基斯坦，全球排名倒數第三。

只知道自由市場之名的人，還在說是因爲台灣自由化不夠。但是北韓有什麼自由化？我們怎麼會跟他們是同段班？

我認爲是人必自侮而後人侮之。你不重視自己，只一味想扶助特定的行業賺外匯，只扶助大企業減免稅，人家來買你大力補助的大企業股票就好，爲什麼要來直接投資？我們自己都沒覺察到現有產業轉型及升級的重要，別人爲什麼要來投資？

◎

跑得太久的再一棒，是政府的一些迷思。

第一個迷思是：減稅就能刺激投資。結果一路拉大稅制的不公平，每年賺成百上千億的企業，比一個上班族繳的稅率還低，甚至可以免稅；不但擴大貧富差距，也減弱國力（見附表）。

第二個迷思是：房地產是火車頭工業。結果將近三十年來一路鼓勵炒房，把房地產打造成投資回報最高的行業，引發有錢不炒房是傻子的心理，相對也萎縮了其他需要投資的行業。結果明明是房地產害得投資不振，但是一有經濟不利消息，政府總是說要先拯救房市。

第三個迷思是：簽自由貿易協定（FTA）就是萬靈丹，結果忘了貿易雙方應該各有各的產品或服務利基。不加強自己產業的升級與轉型以形成特色與競爭力，卻只顧得去簽自由貿易協定，形同只是單方面地讓別人進來攻城略地而已。最後連對岸的特殊情況都不顧，草草簽下黑箱服貿協議，以自己單方面的市場經濟思維去對上人家的國家戰略。（詳細說明請看本書〈服貿的未爆彈〉）

	實質稅率	獲利（億元）
緯創	0.0%	102
遠東新	0.2%	119
聯電	0.3%	114
亞洲水泥	0.5%	101
聯發科	2.2%	140
彰銀	3.0%	106
台塑化	3.5%	247
台塑	5.1%	406
仁寶	5.6%	121
台化	5.7%	365
日月光	6.1%	151
台積電	7.1%	1447
可成	8.5%	113
台達電	8.7%	131
中石化	8.8%	120
南亞	11.0%	282
台灣大	11.6%	148
華碩	11.6%	198
鴻海	12.4%	918
中鋼	13.3%	203
宏達電	13.7%	698
遠傳	13.9%	108
中華電	14.1%	554
廣達	16.5%	274

獲利百億企業及其實質繳付稅率。引自：2013 年 5 月 29 日《天下》雜誌第 523 期〈企業賺百億繳稅比上班族低〉。

◎最後跑得太久的，是舊有的主管機關和法令。

政府對經濟的主管機關太久沒有調整。前政務委員朱敬一曾經以劍宗來形容國貿局，用氣宗來形容工業局，並分析近年來劍宗和氣宗不搭調的問題。

問題其實還不止於此。國貿局的劍法和工業局的氣功，根本不足以面對今天許多新生而重要的產業；今天世界上多的是互聯網相關產業的機關槍，和娛樂及內容產業的雷射砲。懂氣功的工業局太重製造業，和這些新產業對不上口；懂劍法的國貿局太重實體貿易，和這些服務也搭不上線。光靠劍法和氣功，面對不了這個世界。

主管機關都如此了，法令更不難想像。

我們政府過時的法令不少，下面這個有關公立單位研發技術的專利授權辦法，是個例子。

KAMIA公司的喬國筌，從美國回台灣，有創投背景。按照他的觀察，台灣學研單位研發出來的技術並不算少。但是能轉化爲產品，進入產業的就很少。而他認爲關鍵就在於技術轉移時，喊價太高，又不給你獨家。要獨家，你必須做出初步可行的產品再申請，而這個時候就得公開招標。

「這給業者多了好幾層負擔。第一，你開始的時候拿到的不是獨家授權，所以你用來募資對投資者的吸引力就比較小，即使募得到，估值也比較低；第二，他們要價高，你得先花一大筆錢；」然後他說了令他最無法接受的第三點，「可是等你研發過後，證明可行要申請獨家的時候，他們要公告招標。這等於昭告全天下，你前頭的投入是可行的，別人不必像你一樣走這條辛苦的路，這個時候只管出比較高的錢來搶標就好了。所以誰要來當傻瓜？」

喬國筌說，相對地，在美國就不是這樣。一些大學的技術要授權，首要是看你的經驗和資源是否真的能把事情做成，而開始預付的授權金也很少，甚至沒有。「可是他們這樣做，你看，在二〇〇二到二〇一一年這十年間，像NYU（紐約大學），可以拿到將近十九億美元的權利金。排名第三的西北大學，可以拿到將近十五億美元。」他拿一個表給我看。「現在台灣的企業拿不到技術，政府收不到權利金，這對台灣整體社會是多大的損失？」

我聽得出他的惋惜。但是，他說的這種法令的過時與不合適，還不是最嚴重的。

更嚴重的，我也相信是和台灣經濟發展一直找不到下一棒有關的，我寫在下一章。

被遮蓋希望的年輕人

我們很努力地從兩個方向掐住年輕人的脖子，直到他們感覺不到希望。

我們總說：兒童是未來的主人翁，年輕人是我們的未來。所以我們在遺忘年輕人的同時，也就遺忘了未來。

◎

台北市圓環的一個巷子裡，有一家書店，專門賣推理小說，櫃台旁高掛著一副白色的骷髏架。書店老闆叫譚端，在台灣讀完大學，去對岸媒體界工作了十四年之後，又回到台北，覺得這裡才是落地生根的地方。

有天晚上我們談起台灣社會裡年輕人的一些現象。譚端講了段他的觀察。

「一九七〇年代生的人，出了社會不論進任何行業，大約努力工作個五、六年之後，他就有出頭的機會，會很有信心地知道自己接下來會怎麼發展。」他說，「那時的台灣，讓大家相信社會有一種流動之美。今天的年輕人沒有了。因爲現在是騙鬼的產業政策。年輕人覺得門關起來了，眼前一片茫然，沒有希望。所以有人幹譙，有人嫉恨，才會出來大腸花。」

台灣的薪資長期停滯，甚至倒退到比十六年前還低。這裡頭，在馬英九政府任內發端的二十二K，尤其成了一個對年輕人的緊箍咒。

大家說二十二K是問題，說少子化加上國債破

譚端。偵探書屋除了大量推理、偵探小說外，還有其他收集回來的古物。（陳柏宏攝影）

表、年金破產，給年輕人的負擔是問題，但是我在訪談過程裡體會到，今天讓年輕人感到無望的，可能這還不是最嚴重的。

收入低、負擔大固然麻煩，但如果對未來有期待、有希望，還好。嚴重的是，如果看不到希望。譚端講的年輕人看不到自己在社會裡的流動性，就是看不到自己的希望。

◎

今天的世界，有一個以互聯網爲特色的新經濟。年輕人生活、成長於這個新經濟之中，他們的生活無時無刻不和互聯網有關。互聯網本身就是造就各種機會，充滿流動性的原因。但是台灣的年輕人卻太少在互聯網新經濟中獲得成就的機會。

在互聯網還沒熱起來之前，以賈伯斯在車庫裡創立蘋果、比爾．蓋茨輟學創立微軟，就已經預告了英雄出少年的時代到來。互聯網一起來，就更不必說。環顧一下互聯網經濟最蓬勃的美國和中國大陸，莫不是年輕人引領風騷。

但我們卻沒有。三、四十年來，隨著半導體業、電子業到今天還是台灣經濟的明星，他們第一代的創業大老還一直掌握著話語權。也因此，馬雲來台演講，可以指著台下的台灣企業領袖說他們太老了。

在台灣，互聯網新經濟最夯的是電子商務。但是對許多要在互聯網新經濟裡打出一片天下的年輕人來說，電子商務不夠數位，仍然是太實體的生意模式。

成立四年的StorySense，因爲開發WhatsTheNumber這個行動App，在今年初以三億台幣被對岸的電話邦收購，而成爲話題。我打電話給現在大半時間在北京的沈育德。他說，互聯網有一些生意模式，但他留在台灣做的話，只能往電商的模式走。而他不想做電商。

我們經濟部主管產業發展的機關是工業局。顧名思義，工業局和工業有關，和我們過去所強調的製造業有關，卻和互聯網產業隔閡，更別提娛樂及內容產業了。

所以我們政府再怎麼說要重視、支持年輕人在互聯網領域創業，拿出一些辦法，總是難以引起共鳴。

徐挺耀，是個講話速度奇快的人。在他的努力之下，台灣數位協會這些年來做出了一些很亮眼的成績：成功地創設泛科學又獨立出去，然後又成立了做數位廣告的潮網科技。

徐挺耀對政府那些辦法有個比喻，「簡單地說，就是在機關槍的時代，要提供我們紅纓槍去上戰場。」

那他們需要的是什麼？

台灣做互聯網的人，最關心的莫過於台灣的公司法能不能修正，給他們一個適合互聯網企業募資、成長的機會。

在傳統的觀念下，台灣的公司法重視的是出資人的權益，有才華的經營者則是拿技術股，或是所謂的乾股。徐挺耀說，對需要大資本投入來添購機器設備的行業，這沒問題。經營者拿的技術股比例就算很小，但是在巨大的資本額之下也就有很值得的回報。

但是互聯網是個重視本夢比的行業，重視自我實現率的行業。做互聯網最大的挑戰和樂趣，都在以小博大，以夢想來博現實，以想像與腦力來博資本。所以全世界互聯網發達的國家，另有一套遊戲規則。投資者不是要等你實現了利潤才看重你的價值，也不是從他們要投資的金額來計算你應該得到多少股份，而是在你才剛有一個營運模式，或甚至只有一個構想的時候，就看他們願不願意相信你眞的會實現你所說要創造的價值，在你說的價值裡看他們要投資多少，佔多少比例。投資人越是相信你可以創造很大的價值，他們就越是要捧著錢追你。他們可以拿出你所需要的全部營運資金，但只佔很小的一個比例。你拿出一個計畫，說它值三億，現在需要三千萬資金，所以投資者只能佔百分之十。他買單，就成交；未來，就端看你是否能實現自己當初所說的價值。臉書成功的故事，只是一個例子而已。

過去十幾年，台灣的互聯網經濟一直沒有起來，很多人說是因爲市場規模不夠，投資人看不上眼。但更根本的，在於台灣的公司法和社會都是傳統思維，沒法接受這種顛覆性的投資模式。但這偏偏是互聯網產業能發達起來的根本。

多年來，雖然許多聲音提出修法的呼籲，但政府一直不動如山。直到今年初，來自民間企業的政務委員蔡玉玲才比較積極地和業者溝通，主導修法的方向。而到上個立法院會期結束的最後一天，才終於等來互聯網業者久旱如得甘霖的修法，有了所謂「閉鎖式」公司法。

徐挺耀還分析，正因爲過去台灣的公司法限制了互聯網業者的發展，所以沒法產生互聯網投資的外溢效應。也就是說，過去沒有眞正投資互聯網成功的人，也就難以培養後頭新進的人。「要成就馬雲也要有個孫正義，要成就雷軍至少也要有個在香港上市的金山軟件，要成就傳盛也要有當時已經創業成功的雷軍。」徐挺耀在一篇文章裡這麼寫。

有一位不願曝光的業者也同意徐挺耀的看法。

「現在檯面上一些科技大老講起互聯網也頭頭是道，」他跟我說，「其實他們沒做過互聯網，他們在互聯網的世界和一個路人甲沒什麼不同。」

◎

我們只有重視大老的產業政策，沒有照顧年輕人的產業政策。科技大老在嘲笑年輕人沒有企圖心只想小確幸，只想開咖啡館，但沒想過原因之一可能是我們的社會根本沒給他們所需要的資源、工具和協助。

如果相反地，事情是往另一端發展，會有什麼好處嗎？

我訪問台灣一家極爲傑出的新生代遊戲公司雷亞，他們可以把內容反向授權日本，讓日本遊戲大廠爲他們做代工。

他們兩位創業的年輕人給了我很好的啓發。（請參閱本書〈敢於不同的勇氣迸現〉）

「做遊戲產業有一個社會責任，就是永遠相信腦力合作，永遠要找最好的團隊合作。」雷亞的執行副總張世群（Jerry）說，「因爲是腦力密集產業，所以沒法像製造業那樣以擴大產量來創造工作機會。但是也因爲是腦力密集，遊戲產業可能以一家之力而帶動一個產業。」

我們先不說今天台灣的製造業把大量工作機會轉移到對岸等地，所造成的影響。正如張世群所說，互聯網產業、遊戲之類的文創產業，是腦力密集，所以正適合年輕人三三五五地結成團隊創業。如果政府不這麼漠視這些產業的價值，應該看得出光是讓年輕人自己去創業、去追求自己的夢想，就不知道能爲台灣的經濟刺激出多少新的動能。

眞可惜。

◎

今天台灣年輕人對未來難以感到希望的另一個因素，在房價上。

今天，台灣的房價已經高得離譜，如果以房價所得比來看，更肯定名列世界前茅。這和倒退了十六年的薪資，年輕人深受二十二K之苦的另一端現象，形成不可承受之大的差距。

爲新加坡開國的李光耀，曾經說爲政之道就是：讓人民覺得他在社會上只要肯努力，就有公平的機會可以生存、發展。但是在每個人都能公平地買得起自己力所能及的房子這件事情上，我們歷任政府卻是反其道而行。

如果說爲政之道就是讓人民覺得他在社會上只要肯努力，就有公平的機會可以生存、發展，那麼我們近三十年來歷任政府在房地產上所做的事情，卻正好相反。

二十年前推出無殼蝸牛運動的李幸長，除了搭配著花白頭髮和鬍鬚的相貌令人印象深刻之外，就是他講起國民黨和民進黨房地產不當政策的七情上面。

「這兩黨都得爲台灣今天房地產問題向社會謝罪！」他說。「一切向大財團靠攏，沒有眞正爲中小企業著想過，只有口頭上的照顧弱小。」

李幸長介紹我去見巢運負責人彭揚凱。

他年輕得多，講話很溫和，但批判視角一致。

彭揚凱認爲：國、民兩黨相同之處，是都把不動產當作商品看待。而兩黨執政的時候，都是相信房地產是火車頭工業這個假議題，也都把房地產價格的升降，當作執政成績來看待。

「李登輝放任財團炒地皮。一九八七年底到一九八九年夏，短短一年半時間，全台灣房地產價格就飛漲。」李幸長說。

而陳水扁任內降低的土地增值稅，和馬英九任內降低的遺產稅，都把火燒得更猛。

所以李登輝、陳水扁、馬英九三任總統對台灣房地產的飆升，都有貢獻。

◎

台灣的炒房熱，主要歸因於兩點：一，房屋買賣的實質稅率太低；二，持有房屋的成本太低。所以只要稍微有點積蓄，人人皆可炒房。

房屋買賣的實質有效稅率太低，低到連百分之三都不到。比所得稅的最低級距百分之五都低。

「所以帝寶一戶賺一億多，只交一百多萬的稅。」彭揚凱說。

台灣的房屋持有稅包括土地稅和房屋稅，但實質有效稅率只有萬分之五到六。「買一棟兩、三千萬元的房子放在那裡，一年交不到兩萬元的稅，比養一輛二千西西的汽車還便宜。」他再補充。

你買了房子擱在那兒待價而沽的成本如此之低，實際交易的時候要繳的稅又是如此之低，如何能不誘使大家紛紛投入炒房？

房價越來越高，空房率也越來越高。

結果連監察院在二〇一一年提出我國租稅不公的調查報告，都特別指出：「長期以來，我國不動產交易所得相較於勤勞所得之課稅方式，差距過大，嚴重違反量能課稅原則，不符租稅公平，加速拉大貧富差距，主管機關財政部消極以對，行政院也未積極督促改善，確有違失。」

我問彭揚凱，爲什麼他說房地產是火車頭工業是個假議題。

「如果房地產是火車頭工業，那這一波房地產也漲了十幾年，爲什麼經濟沒上去？」他簡單地回了一句。

而事實上，照台灣炒房熱到這種程度，房地產不但不是火車頭工業，還可能是破壞火車頭的工業。

因爲太過好賺，房地產成了最大投資標的，吸納大量投資，對台灣需要的其他投資產生了排擠效應。這些年來由於經濟低迷，台灣幾乎沒有其他產業能帶來比房地產還好的回報，所以當然有越來越多的人投入炒房，於是就形成了惡性循環。

不說像葉國一這種電子大亨都因爲炒房而鬧出新聞，也不說去年透過食安問題才發現頂新在台灣也是大炒房地產，最有意思的是，有一天林大涵和我聊天，談起他最近多了一筆意外之財，他不好意思地笑笑，說：「我竟然都想用來買房子了。」

「國民黨許多人常搬出憲法來，但是憲法第一百四十二條說要平均地權，第一百四十三條說要漲價歸公。這些他們就忘了。」彭揚凱說。

而房地產財團在立法院的運作最凶。二〇一一年好不容易推動「實價登錄」制，但是後來立法院卻加了一句：「實價登錄不得作爲實價課稅的依據。」

台灣還有一個全世界僅見的奇觀，就是房屋有實坪、虛坪之分。連屋簷鳥站的地方都當坪賣。同樣是二〇一一年，消基會要推實坪銷售制的時候，也是被建商擋下來。

所以彭揚凱說，年底要和割闌尾合作，指名明年要一些立委下台。

◎

在台灣習慣了炒房的人，可能會產生一個疑問：「爲什麼房地產不可以成爲投資標的？」

韓良憶可以回答這個問題。

韓良憶和她姐姐韓良露一樣，也擅長寫美食。她的先生Job，是荷蘭人。韓良憶嫁到荷蘭一住多年，最近Job在退休後陪她回台灣來住。

他們非常驚訝於台灣房價之高，尤其如果把房子的品質考慮進去的話。

「如果把品質算進去，台灣的房價至少是荷蘭的十倍。」他們說。然後拿出一張他們家的照片，「你看，有這種窗景的房子，相當於四十五坪，實坪噢，完全沒有公設，連牆壁厚

韓良憶在荷蘭的家。她說，把房屋品質算進去，台灣的房價是荷蘭的十倍。（圖片來源：韓良憶提供）

度都不算的實坪，在台灣要多少錢？在鹿特丹只要九百萬台幣。」

韓良憶說，因為她覺得荷蘭的房子還買得起，所以曾經想在其他城市多買一間房子來增值。但她跟一位律師朋友談起時，人家的眼光很異樣。

「買房子是為了滿足人需要居住的基本需求。你怎麼能把人的基本需求當作商品？」別人沒說出口的那句話是：「這樣做是不道德的。」

而彭揚凱說，日本房地產廣告是不能提增值這件事的。

◎

就買房子這件事來說，今年經過各方折衝，立法院終於跨出了歷史性的一步，有了房地產合一稅，未來將照實價課稅。彭揚凱說，雖然那是妥協的產物，他不滿意，但可以接受。總是一個新的開始。但是所謂「未來將照實價課稅」，也是從明年一月起新買的房子才算，之前的都不算。所以他認為在短期內難以看到房價會因為有了房地產合一稅而下跌，要用十到二十年時間來看，才會看到經由制度的改變而達到的突破。並且經由時間，透過少子化和高齡化兩端現象，讓房地產的供過於求來化解。

這段時間，彭揚凱希望能改善台灣只有房地產政策，而沒有住宅政策的問題。所以二十年前無殼蝸牛是讓人人買得起房子，但今天的巢運是照顧每個人住的權利。

彭揚凱希望台灣社會的住宅使用情況，能逐漸調整到百分之五十買房子，百分之三十租房子，百分之二十住社會住宅。

就租房子來說，他們要做的是改善租屋型態，在住宅法裡加一租賃專章，對房東和房客都有保障。目前沒有這個專章，有了糾紛只能照民法走，碰上惡房客、惡房東，要花六到八個月時間。

「我們也希望逐漸改變年輕人的觀念：奮鬥一生的目標，不是當房奴。」彭揚凱說。

這是一個很好的希望。但對受到中國文化影響如此之深，總以爲有土斯有財的大陸思維下的台灣社會來說，這也可能是很難的一個希望。

在情況都沒改善之前，高昂的房價這個事實，就會免不了成爲年輕人重大的壓力來源。

少子化已經成爲國安問題。而我們自己製造的高房價，顯然和這個國安問題有相當的關係。

高房價帶給年輕人的壓力，怎麼會使他們樂於甚至敢於迎接結婚生子的人生階段？

我們在樂於炒房的時候，爲什麼沒有考慮年輕人要伴隨著台灣前所未有的高房價而面臨前所未有的壓力？

◎

我訪問徐挺耀和彭揚凱的時候，是在今年六月中旬的同一天。當天兩個人都表達了同樣的心情：經過了漫長的努力和等待，政府終於分別通過了有助於互聯網產業發展，以及可以使房地產價格合理化相關的新法令。聽得出兩個人的口氣雖然不滿意，但還是有一種輕鬆了的感覺。

兩個月後發生的兩件事情，使他們又各自對外寫了文章和發了聲明，可以很清楚地感受到那種無奈，甚至惱火。

徐挺耀在一篇〈建高速公路，竟限速五十公里〉的文章裡，點出政府對已經通過的「閉鎖式公司法」，準備再加些限制，「主管機關似乎打算限制換股比例跟額度，因爲擔心有人虛增資本額。」所以他說，這就等於是好不容易爲了互聯網的發展蓋了條高速公路，卻又加上速限五十。

彭揚凱抨擊的，則是中央銀行最新的措施。過去多年來，中央銀行一直在爲過熱的房地產扮演降溫的角色，但是在八月中，卻突然轉向，公告兩項放寬房市管制的辦法。好不容易才通過房地產合一稅而看到房價這個怪獸有可能被逐漸馴服，政府卻爲了所謂的救經濟、救房市，又給這頭怪獸打了一針興奮劑。

這眞是剛把遮蓋住年輕人希望的兩隻手拿開，又要把人掐住脖子。其結果，就像徐挺耀寫的一段文字：「儲蓄額將要破兩兆，但我們的未來產業，五十歲以下的人就要坐在兩兆上面完蛋了，那跟魔戒故事裡睡在金礦上面的巨龍一樣，只是坐著等勇者來屠殺、來佔領這些金礦罷了。」

◎ 韓國總統朴槿惠在說他們經濟要動大手術的那一天，說她把增加青年就業列爲經濟改革的首要任務，提了一個「薪資高峰系統」計畫：「讓達一定年資的員工，逐年減薪，並保障其做到退休年齡，而省下來的錢，可以雇用年輕人。朴槿惠說全職與高薪的員工都必須爲新一代『讓步』，並指出這是爲『國家前途做出重要決定的時刻』。」（風傳媒）

韓國雖然以扶植大財團而聞名，但人家也會爲年輕人想到這一層。

而我們的政府呢？

我們的政府有沒有想到：遮蓋年輕人希望時，也就遮蓋了國家的希望？

無魚之海

我們只會背對海洋，不會面對海洋。面對的時候，我們會的是破壞。

有一天，我和韓良憶及她的荷蘭先生 Job 聊天。Job 說：「台灣東北角海岸線的堤岸都低得太可怕了，許多地方離海只有兩、三公尺高，太不可思議了。」他不是個笑容很多的人，我一時聽不出他的口氣是驚訝還是什麼。

我們約了一天去到了他說的那個地方。可能我們習慣了，並沒覺得那麼可怕，但是 Job 一直說台灣是個海島國家，不能對海岸線如此大意。「地球暖化，全世界的海平面都在升高。這麼低的堤岸，很容易就被破壞。不說別的，到時候你們這條沿海公路就沒了。」接著他跟我解釋荷蘭如何在準備因應到本世紀末的衝擊。「因爲這些準備做起來都很花時間，花幾十年時間很正常。」

事實上，那天回程的路上，我們看到比他說的堤岸還低的地點可多了。

大約在那同時，我在報紙上看到一個女人學習浮潛，後來在北海岸租下廢棄的九孔池來練浮潛，同時也種珊瑚。

她接受訪問的一段話跳進了我的眼裡；「東北海岸很多九孔池，我常想，爲什麼有人可以在海邊養九孔？蓋九孔池要先炸掉下面再抽沙，用水泥做成游泳池的樣子，再放苗，很破壞海岸。」

她的話，和 Job 的提醒，合起來勾起我一

Job 說的東北岸這裡的堤太低了。可是比這裡還低的很多。（圖片來源：韓良憶提供）

個很大的好奇。

我知道因爲過去戒嚴時期海防的影響，大家一直被教導得要遠離海岸。但在遠離海岸的同時，我們怎麼會又如此無所畏懼地有這麼多褻玩海岸的行爲？

我打電話給花蓮一位研究鯨豚的作者張卉君，請她幫我介紹一位研究海洋文化的專家。

◎

這樣，五月初，我去了一趟花蓮，在一個傍晚見了廖鴻基。

寫過許多有關海洋記述和小說的廖鴻基，實際在海上工作過五年。他說話的聲音很柔和，條理很清楚。那天給我上了一堂海洋的課。

從主要是和他，再加上在花蓮遇到其他朋友談話的筆記裡，我大致整理出了這麼一幅台灣人對待海洋的態度和現實。

● 我們雖然置身於海洋之中，但從來沒有海洋教育，而只有恐海教育。從小，我們的課本上教的是：「天這麼黑，風這麼大，爸爸捕魚去，爲什麼還不回家？……」

● 所以，我們不會面對海洋，只會背對海洋。要面對海洋的時候，反而是破壞的事情做得多。

● 所以，東北部海岸線曾經出現九孔池濫挖問題；西部海岸線有大量抽砂塡海造陸，以及濱海工業區污水排放問題；東部海岸線塡置大量消波塊，花蓮七星潭附近美麗的海上地標奇萊鼻成爲垃圾掩埋場；南部旗津的海邊有明顯改善，屏東珊瑚礁海岸幸好有國家公園維護，但也有海濱私有化以及觀光客過量等壓力。

● 海岸線之所以如此放任破壞，因爲沒有海洋管理的專責單位。而一些現有的相關單位，像海巡署，心態和方法也很有問題。陸地解嚴了，海洋卻沒有。一般漁船出港後四十八小時內就得回港。海洋是台灣的藍色公路，但是今天台灣人開車上陸地的高速公路不用檢查身分證，要出海卻得有出入航管制。這又是台灣在向北韓看齊的一件事。

也在那天晚上，我第一次知道：台灣雖然置身海洋之中，但是台灣的近海已經是個無魚之海。

◎

置身海洋之中，但卻是無魚之海。這眞和台灣的降雨量如此豐沛，但卻成爲缺水之島一樣地諷刺。

台灣的四周成了無魚之海的嚴重性，顯然越來越受到重視。到今年八月間，《今周刊》做了個專題，同時，連日本電視台也注意到而來台灣採訪。

廖鴻基告訴我，漁獲之枯竭，是全球性的問題，到二〇四八年，全球都沒有海魚可以吃了。只是台灣更早面臨這個殘酷的事實。花蓮早已沒有魚貨拍賣。如果說無魚之海有一條紅線，台灣四周的近海早就越過了那條紅線。

這件事情發生的原因很多，但主要有兩個：

一是近的，捕魚技術不斷精進，而台灣濫用。高效率的捕魚技術不斷提升，致使過度捕撈的現象十分明顯。東部海域大量使用的各種流刺網，以及西部海域大量使用的底拖網，都是例子。

二是遠的，大量捕撈魩仔魚。魚的繁殖策略爲「量」，也就是大量產卵，還特別喜歡選在沿岸河口附近水域。這些卵孵化後的各種魚苗，統稱爲魩仔魚。這些魚苗只要有百分之三到百分之五順利成長，牠們的繁殖目標就算達成。其他大量魚苗，都成爲餌料魚身分，牠們存在的目的是

澎湖第三漁港市場。漁民說：現在的漁獲只有二十年前的五分之一。（圖片來源：《今周刊》提供）

爲了吸引外海來的魚群過來沿海掠食。日本人在一百多年前發明了專門捕獲鰗仔魚的「鰗仔魚雙拖網」，但是這種漁法把大量魚苗撈走後，就沒有餌料魚吸引遠方的魚群來到沿近海，使得沿近海魚場有枯竭之虞。

日本人發現不對之後，就停止使用，但整套技術及裝備卻輸出到台灣。台灣吃鰗仔魚吃了一百多年，也就是把餌料魚身分的魚苗吃了一百多年，把魚源給吃絕了。

至於目前台灣之所以還有魚可吃的原因，一是養殖業十分成功，抵消了無魚可吃的恐懼，但也移除了對紅線的注意；另外，台灣的遠洋漁獲好，是全球第六大公海漁業國，許多種魚的漁獲量排名世界前茅。

只是在這種情況的演變下，過去三四十年前，沿近海船員的薪水會高過公務員，現在比一般勞工還差。而台灣願意當船員的人越來越少，各級漁船上用的大都是外籍船員，經常只剩船長和大副兩個人是台灣人。

這樣當然又是另一個長期的問題。

◎

台灣在用陸地思維經營一個體質是海洋的國家。不論國民黨或民進黨執政，都是如此。廖鴻基說，一九九六年彭明敏參選總統先提出了「海洋國家」的主張；二〇〇〇年陳水扁參選總統談「海洋立國」；到二〇〇八年馬英九選總統又喊出「海洋興國」，但口號與實際的差距很大。

政府固然如此，民間也不遑多讓。長期只有陸地文化的思維，而沒有海洋文化的思維。沒有海洋文化的思維，會破壞自己的海洋資源，也就不足爲怪了。

我請他分析海洋文化和陸地文化的不同思維。他做了這麼一番對比：

陸地文化：適應穩定、穩固；有問題，守望相助；風景單一；擁擠。

海洋文化：適應動盪、搖晃；有問題，獨自面對；深邃多變；疏闊。

他也引述曾經駕船環遊世界的劉寧生的一句話。劉寧生環遊世界回來，在台灣沒有碼頭可停。他說：「在海上環遊世界不危險，離開台灣、回來台灣的時候最危險。」

我去問劉寧生。他補充了一點。經常有人會問他：看不到陸地，你不怕嗎？而劉寧生認爲：海洋可以教你的事情是：你會看清大自然的危險不如人自己的危險，亦即是知識不夠，準備不足。事實上，海洋告訴你的是，越危險的，越要認識。

所以，劉寧生認爲：在人類發明三夾板之後，每個人都該負擔得起一艘船。就像海軍軍官都應該有帆船經驗，以培養軍官的領導、統御，一般人也該有一艘自己的船，訓練自己的自立、自信。

「不要受媒體誤導，好像遊艇是多麼豪華昂貴的事，一艘二手船，實際上只要五千美元就可以買到。」他說。不過，遊艇本身雖然不貴，但是在台灣停靠遊艇的費用還有待調降下來。而目前台灣遊艇碼頭蓋得昂貴又不適用，則又和欠缺海洋文化有關。

◎

如果我們能逐漸建立海洋文化，將會發現位於黑潮流域中的台灣，海洋資源可以有多麼豐富而多層次的利用。漁獲取食，是最低也最基本的；再高一點，是觀察，譬如觀賞鯨豚；再下一步，是從科學、文學、哲學的角度著手，而對生命層次有更高的研究。

只可惜還沒有。廖鴻基感嘆。

就在今年六月十六日，立法院朝野爲了修憲議題而爭吵不休到這個會期的最後一天，我很意外地看到一則新聞，說是立法院院會三讀通過了政府組織改造中的「海洋四法」，包含海洋委員會（簡稱海委會）、海巡署、海洋保育署，及海洋研究院。其中，海委會是把海洋事務提升到一個具有事權主體性及統合性的上位機關。

我趕快打電話給廖鴻基和花蓮的朋友，詢問他們的看法。

廖鴻基說他當時還沒有仔細了解內容。但是他認爲只要有個開始，總是好的。

然而，正如任何事情，都不表示有了法律，就可以改善一切，和海洋相關的事情，更是如此。

正如政府不能再用陸地的思維治理一個海洋體質的國家，我們也不能再用陸地裡村落的思維，面對四周都是的海洋。

無魚之海，是一個很諷刺也很殘酷的警訊。

如果我們生活在海洋之中，卻再不調整我們的思維和心態，下次發生的事情一定還不只這麼諷刺。

不能再用陸地村落的思維，面對我們四周的海洋。（Beatniks 攝影）

無處可去的核廢料

無法處理核廢料，卻一直誇口核能發電的好處，好比知道要吃得飽，卻不知道自己的屁眼被封了起來。

有些話，聽起來很理性也很合理，但事實上不然。譬如，對於核電，許多人說：他們也知道非核的路要走，但是得先確認是否有足夠的再生能源，以確保供電沒有問題，不要妨礙經濟成長，電價不要上漲，以免影響民生。

這種思維的不合理，打一個比方就明白了。

如果有人家的桶裝瓦斯已經在嘶嘶嘶地漏氣，你叫他別再用了，趕快逃開，他卻說：「我也知道瓦斯漏氣危險，可是我總得先用它燒飯，不能叫家人餓肚子啊。」你怎麼說呢？

許多仍然堅持要讓核電延役的人，用的理由就是不能叫家人吃不上飯，但是他們卻不顧瓦斯桶萬一爆炸，哪是吃不吃得上飯的事。

今天，對台灣來說，那個一直在嘶嘶作響地漏氣，但許多人卻不肯面對的問題，就是已經滿載，卻無處可去的核廢料。

怎麼處理核廢料，不但是從開始發展核電就該準備的，也應該一直當作最重要的課題。無法處理核廢料，卻一直誇口核能發電的好處。我曾經寫過一篇文章，用了比較粗俗但直接的說法：好比只強調要吃得飽，卻不顧自己的屁眼被封了起來。

◎

談起核廢料，大家會想起蘭嶼。但核廢料其實有三種：高階、中階、低階。放在蘭嶼的，是最低階的，也就是在核電廠工作過的人的衣服和手套等。而最高階也最危險的核廢料，是已經在核能反應爐裡使用過之後，退出來的燃料束。這些使用過的燃料束需要小心保管和再處理。所謂小心保管，就是它們從反應爐裡退出來之後得儲放在一個冷卻水池裡；所謂再處理，就是日後需要再從水池裡移轉出來，交給有能力處理的國家，去除那些可能成為核彈原料的成分，然後再另找地方貯存。

而蘭嶼存放的核廢料都是低階的。而就在離台北很近的金山，光是核一廠的一號機冷卻池裡，就超限滿載了高階核廢料，充滿了不成比例的危險。

多年來，我們政府一直強調核電的許多好處，卻一直隱瞞也逃避這些用過的燃料束問題。以核一廠爲例。核一廠有兩個反應爐。二〇一五年的年中，一號反應爐的冷卻水池已經超限滿載；明年三月，二號反應爐的冷卻水池也是。超限滿載，就是反應爐到了該把一些使用過的燃料束退出來的時候，冷卻水池卻沒有空間可以容納了。換句話說，核一廠的屁眼被封住了。

台電怎麼可能沒想到核電廠屁眼被封住的問題？我爲了這個問題親自去核一廠參觀，並詢問他們。

原因很多，從他們的回答，加上我另外的查詢，最主要的有三點。我們的核廢料，最早一直是期待交由國外處理。但是：

- 一九七九年美國卡特總統對核能計畫喊卡，也不准處理境外運來的核廢料之後，交給美國處理的指望沒了；
- 一九八〇年代末，由於台法之間爆發拉法葉艦回佣等醜聞，所以一度期盼把核廢料交給法國處理的打算也泡湯了；

● 這些核廢料轉而想要在國內設法找地方掩埋處理，但是到二〇〇〇年之後，因爲所有設址都要取得當地公民的同意，而國內對生態、環保意識的高漲，使得在台灣處理的可能性也難以推進。

這段時間，台電能做的，就是把核一廠的冷卻池做超限利用。

照核廢料冷卻池的設計，不能完全裝滿，要保留一個空間因應不時之需。這樣，當反應爐出現緊急情況，必須退出所有燃料束的時候，就可以使用這個保留空間。很像一個停車場要保留「迴車空間」，不能每個地方都停滿汽車。而核一廠在這四十年間因爲核廢料無處可去，先是加大冷卻池裡儲放燃料束的密度，相當於縮小停車格的空間；再來就是連保留空間也塞滿了燃料束，相當於把迴車空間也都塞滿了汽車。

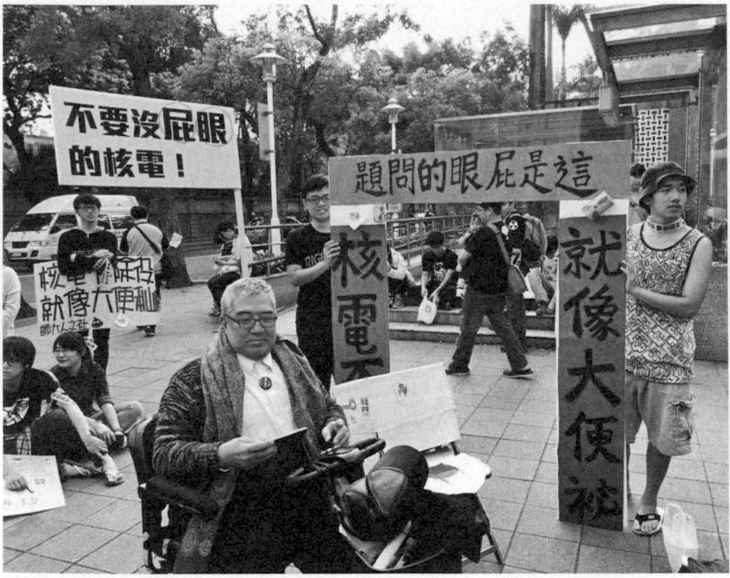

今年四月的廢核遊行，在路邊看到年輕人的牌子。（陳季芳攝影）

這樣一個核廢料超限滿載的核一廠，原來訂在二〇一八年除役，但是現在政府卻想設法再延役二十年，說是核一廠運轉多年穩定，善加保養再運轉也不是問題。但不論說核一廠可以運轉到二〇一八年或二〇三八年，其實都沒考慮到核一廠一號機的冷卻水池在今年此刻就已經超限滿載的問題。這好比說一個人的身體狀態還能再活個二十年，但他的屁眼卻現在就封住了。身體再好，屁眼被封住怎麼活？

我從去年開始追蹤這個問題。近年來，我雖然對核電抱持越來越大的懷疑與戒心，也寫過文章質疑此事，但總想盡力與台電溝通，看看他們能不能提出一些解釋。

就這樣，今年我向台電申請，去參訪了兩次核一廠。主要想聽台電怎麼解釋下列事情：

一、核一廠一號機的冷卻池，到底超限滿載的情況如何？

二、據《蘋果日報》兩次報導，核一廠一號機去年大修之後，有三、四十根應退而退不出來的燃料束會逾期使用，也因此，今年重新啟用後，下一個運轉周期將縮短。這是怎麼回事？

對第一點，台電的回答是：去年底從爐心退出一批九十二束燃料束之後，目前核一廠一號機的冷卻池全塞滿，只剩兩格空間可用。（確實是沒有「迴車空間」了）。

對於第二點，我們兩次參訪，台電的說法不一。台電先是承認去年底的大修，有預定退出而沒退的燃料束，但是十束而不是媒體所說的三、四十束。並且，每次要退多少，不是固定按每十八個月一次的周期，而要看每一根燃料束的「燃耗值」。他們說這次沒退出的十根燃料束的燃耗值還沒到要報廢的時候，但是效能確實到了比較差的階段，所以準備把運轉周期從十八個月縮短到十五個月。

第二次，台電的說法改變了。他們否認上次說過有預定退出而沒退出的十束，強調核一的每根燃料束的燃耗值都還沒燒到他們所定的上限。過去他們都是根據要產生多少總能量，來決定需要更換多少根燃料束。但這次因為冷卻池空間不夠，所以倒過來算，先決定爐心退出多少束，再決定運轉多少天。因為去年底退出的根數比較少，運轉周期才從十八個月縮短為十五個月。

核一廠使用過的燃料束的冷卻池。（圖片來源：台灣電力股份有限公司提供）

◎

要如此追究到底有沒有燃料束逾期使用，是爲了要了解逾期使用的燃料束會產生什麼危險。之前，我聽核能專家賀立維分析，說過期的燃料束繼續使用，會產生竹節效應。也就是說，燃料束本身會產生一些變形的地方，因而可能有破裂的危險。

就這一點，我也問了台電。而台電兩次給的答案不一致。

第一次，他們說賀立維所提出的竹節效應的風險，是三十年前的事，現在已經不存在。因爲當時燃料束裡所裝的燃料丸形狀是方形，所以一旦撐起來會產生「竹節」形狀，並使燃料束破裂。但現在的燃料丸形狀已經四角圓鈍化，所以不會產生這種情況。

我回頭向賀立維查證後，第二次再問他們：近年來台電的各種報告裡，雖然看不到發生「竹節效應」的紀錄，但是核二廠光是在最近十二年內，就發生了五件PCI事件（Pellet cladding interaction，燃料丸與護套效應），那PCI事件和「竹節效應」的關係是什麼？

台電先是說「竹節效應」並不能和PCI完全畫上等號，但是到最後承認PCI裡包括但不等於「竹節效應」。但不論怎麼說，起碼證明了一點：包括但不等於「竹節效應」的PCI事件，並不是只發生在三十年前，最近也在發生。

◎

本來，當社會對核電議題產生疑懼的時候，如果有一個中立的第三方提出一些回答，可以降低很多不必要的衝突。

在台灣，台電的主管機關原子能委員會（簡稱原能會），本來應該扮演這個角色，可惜沒有。原能會交由屬下的核研所來監督台電，卻又讓核研所向台電承包大量業務，破壞了這個立場。

監察院早在二〇一二年就審議通過糾正案，指出核研所在那之前三年間承包台電及其相關基金會共四十四件，總計八億元以上計畫，而經濟部、台電、原能會、核研所等幾方之間的業務「不僅欠缺嚴謹及妥適，而且涉有球員兼裁判情事，並使外界產生監督者拿受監督者錢財如何盡公正監督義務之嚴重質疑」。

因為這些背景，今年當我要把核一廠一號機相關問題，寫信去問原能會主委的時候，許多人都要我不要浪費時間。但我還是就寫了。

蔡主委回信，就我的問題，回覆說台電都沒問題。

先不說其他人的疑問，我自己就有。蔡主委沒有回答我核廢料冷卻池到底需不需要保留「迴車空間」；對於爐心四百零八束燃料束萬一遇上緊急情況必須退出而又無處可退的時候該怎麼處理，也沒有正面回答。

我去找了一位有處理核能設備經驗的外國朋友，問他的意見。

「就我所知，全世界核廢料的冷卻池沒有不保留『迴車空間』的。」不願具名的他說，「有些風險，是不能冒的。」

我想起前中央研究院院長李遠哲說，當年他還在美國的時候，有一天同樣也是諾貝爾化學獎得主，並曾經在美國六任總統下擔任過二十多年美國原子能委員會委員長的西博格教授（Glenn Seaborg）來找他，說是看到台灣要做核四的新聞。西博格說，台灣要建核四，也千萬不要找美國奇異公司。因為奇異自三哩島核災後已經有二十多年沒建過核電廠，他們已經沒有人才，如果由奇異來做，一定是轉包再轉包，核四會變成唯一一家拼裝車又沒有標準配件的核電廠。李遠哲說他為此特地飛回來向政府相關單位提出建言，但沒有被接受。

今年五月，擔任過美國核能管理委員會（NRC）委員長的葛瑞．亞滋寇（Gregory Jaczko）來台。他在演說裡指出，「全世界核能發電佔比將愈來愈少，而美國核電廠將在十五年內全數除役；他指出，未來不只是核電廠，在美國，整個核能工業也是未來會逐漸消失的產業。」

亞滋寇強調，不論擁核或反核，「核電科技本身在未來數十年，它就是一個即將消失的科技，即使有許多人還在鼓吹核電的新技術與發展，但它就是一個即將消失的科技」。

三十年前，我們沒有聽美國原子能委員會委員長的話，已經受到教訓。現在，三十年後，要不要聽聽美國核能管理委員會委員長的話？

二〇一五年立法院上半會期，反核團體好不容易抵制了核一廠一號機的再啓動，下半會期開始，又要面臨同樣的課題。

宜蘭人文基金會董事長陳錫南，今年上半會期爲了核一廠一號機不要再啓動而下跪。他呼籲大家一定要繼續制止。「就算核一廠的一號機眞的能再啓動，最多也再運作十五個月，因爲裡頭要退出來的燃料束再也無處可去，終究還是沒法再運轉。」陳錫南說，「核一廠的一號機總共不過發大約百分之一到一點五的電。爲什麼要爲這一點電來叫我們在十五個月裡承擔這麼巨大的風險？」

的確。那個嘶嘶漏氣的瓦斯桶，反正再燒一頓飯也就不能再用了，爲什麼還要讓大家冒上不可測的危險？我們爲什麼不現在就立即著手預防萬一爆發，比高雄氣爆不知要嚴重多少倍的危險？

沒有第一哩路的兩岸政策

國民黨和民進黨，在兩岸政策上都缺第一哩路。

我一直很好奇，馬總統爲什麼會認爲二〇一四年北京APEC（亞太經合會）可以有一場馬習會。事情過去將近一年後，當他接受BBC訪問，談起這沒成局的馬習會，仍然遺憾溢於言表，可以想像他的渴盼有多大。

很多人都相信，二〇一三和二〇一四兩年台灣發生的一連串政治風暴，從服貿協議的簽訂、馬王政爭、引爆太陽花的半分忠事件，到張顯耀共諜事件，都和馬總統對這場馬習會的渴盼有關。

在很長一段時間裡，APEC的馬習會像是媒體上連載的一齣懸疑劇。只是在馬總統種種的努力下，都堅持快要超過時限了，最後還是很反高潮地破滅。

然而，這眞的是一齣懸疑劇嗎？

不是。APEC的馬習會，從一開始就根本沒有成局的條件。

答案，對岸早已透過APEC公布了。

只要看看蕭萬長後來出席那年APEC的情況就知道。即使蕭萬長早已不是中華民國的副總統，只是以一個民間智庫代表的身分與會，對岸的戒備有多麼森嚴。蕭萬長出席APEC的時候，是對岸唯一連地區和頭銜都完全不唱名的代表。

對岸連一個我們的前任副總統出席APEC都要使之銷聲匿跡，他們會同意馬英九總統出席？

不讓中華民國在任何國際場合出現，或被看到被聽到，是對岸一向的國家政策。

我們來看看台北國際書展這個例子好了。台北國際書展舉辦了二十多年，不論我們如何邀請對岸的出版業者正式參展，都不成。

他們連派出版社來台灣參加一個冠了「國際」之名的書展都是禁忌，怎麼可能讓來自台灣的總統去北京參加一個正式的國際領袖級的會議？

此外，一個北京朋友跟我說：「你們都沒看出來，二〇一四APEC，是習近平要展現自己成爲習大帝的一場登基大典嗎？他怎麼可能在自己的登基大典上讓你馬英九過來，用國共領袖破天荒會面的新聞來分食他的光彩和新聞版面？」

二〇一四APEC的馬習會，是根本不可能發生的事，馬總統卻一廂情願地投注那麼大心力，讓國家和社會承擔那麼大的成本來推動這件事情，連事過一年之後都看不清癥結，還要跟BBC大表遺憾，所以說他在兩岸政策上連第一哩路都沒有，應不爲過。

◎

馬總統一直自誇兩岸政策，說他創造了兩岸前所未有的和平。

這有些言過其實，起碼在李登輝總統還沒提出兩國論之前，兩岸也有過一段平靜的日子。但是陳水扁總統因爲自己的貪腐而動搖權力基礎，不惜搞冒進台獨，確實曾經把兩岸關係搞到了烽火邊緣。馬總統在他就任七周年記者會上，特別強調七年前的「哀鴻遍野，哭聲震天」，就是在提醒大家他走的是不同於陳水扁總統的和平之路。

陳水扁的確造成這些危險。林濁水在《歷史劇場》這本書裡，很詳細地記錄了那段日子。陳水扁如何偏執地一意孤行，不惜把台灣和對岸、台灣和美國的關係破壞殆盡。

然而，馬總統一直不提的是：如果民進黨曾經在兩岸政策上走過挑釁之路而把台灣帶進危險的深淵，那國民黨這些年來也因爲自己走的亂路和盲路，而把台灣帶進另一個流沙帶，逐漸沒頂而無法自拔。

李志德的個子高，臉龐很年輕，經常帶著笑容，不容易聯想到是一位對兩岸關係觀察十分深刻的資深記者。我讀了他寫的《無岸的旅途》一書之後，找了機會和他共進了一餐牛肉麵。

「祭司集團」這個說法，就是李志德想出來的。

幾十年來，國共對立，不相往來。二〇〇五年，敗選之後的連戰，卻藉著陳水扁把兩岸關係送進谷底之便，開啓了「破冰之旅」，打開歷史新的一頁。

但是這新的一步，很快就走亂了。

亂的第一個原因，是連戰在對岸支持與配合下建立起來的新國共關係，成了引領台灣富商巨賈在中國大陸尋門求路的熱線，結果也形成國共關係造就台灣權貴資本抬頭的詬病。

因此，李志德說連戰帶頭形成了一個「祭司集團」：

所謂兩岸「祭司集團」指的是聚攏在海基、海協兩會、「國共平台」或其他藍軍大老的四周，奉「幸汪巨靈」為宗主，言必稱「九二共識」、「兩岸一家」，實則分食兩岸交流經濟利益的政商集團。

祭司集團要建立鞏固影響力的平台。所以從連戰和胡錦濤發表聯合公報開始，國民黨就把原來應該是兩岸政府處理的事，窄化也異化爲國共兩黨間的議題，給兩岸關係製造出許多「二軌道」。這些二軌道不但在民進黨執政的時候呼風喚雨，連自己國民黨重新執政後，也要繼續對馬英九總統下指導棋。

馬總統顯然從上台伊始就不想兩岸政策被祭司下指導棋，而要拿回主導權。所以他不相信祭司集團已經建立的經驗、人脈，才會在陸海兩會都派上毫無淵源的「白紙」般的新人另起爐灶；他自己又不時急著親自插手，越級指示，還想把根本不可能成局的「APEC馬習會」搞成任內最大政績，這些都是其來有自。

馬總統和祭司集團雖然在國民黨內有利益衝突，但是對外也有一致的立場，那就是承認祭司集團所建立的國共平台，是一個可以誇耀於民進黨的政治資源。

但這種誇耀，對國家整體很不利。林濁水在一篇文章裡寫得十分透徹。

林濁水回顧過去，即使是一九九〇年代國民黨威權尙存、民進黨許多被國民黨關過的政治犯剛從草莽走入殿堂、新黨則懷抱亡黨亡國的孤臣孽子之志，三方都非常慓悍的時期，大家行事卻都正派光明，知道民主政治固然建立在政黨的競爭之上，「但是政黨如果在涉外事件上過分的競爭，則無疑的，往往會對國家造成嚴重的傷害，有時讓有敵意的外國得到最大的利益」，因此當時朝野政黨都把「政黨合作」當作涉外事件的原則。

在林濁水的回顧裡，這個原則到了二〇〇〇年後由連戰帶頭毀棄。當時陳水扁總統邀請蕭萬長代表國家出席APEC會議，蕭萬長本來要接受，但是連戰以黨主席身分禁止。從此，「台灣外交的『政黨合作』時代宣告中止，而國民黨則進入兩岸交往『黨先於政』，『黨先於國』的惡質時代。」

國民黨誇耀自己有這種黨先於政、黨先於國的平台還不夠，有段時間還甚爲嘲諷民進黨怎麼不去建立自己的民共平台，甚至很多人都看出來，民進黨也有人躍躍欲試。

很可能因爲這個原因，林濁水在他文章的結尾處寫了一個提醒：「國民黨與中國共產黨以前跳過官方關係、建立黨對黨關係的作法，不值得民進黨羨慕，民進黨不會仿效。如果民進黨執政，將透過官方與官方關係接觸；中央執政前，將透過民進黨執政地方政府與對方接觸，或透過立委與對方接觸，黨不會跑到政前面，更不會跑到國前面。」

◎　蔡英文成爲二〇一六年民進黨總統候選人之後，許多聲音在質疑她沒有兩岸政策，缺乏最後一哩路。

其實，蔡英文缺的不是最後一哩路，而是第一哩路。這第一哩路就是老老實實地承認她要競選的是中華民國總統；她當上總統之後要和對岸打交道的，也是中華民國。

對岸一直拿九二共識來叩問她，但我覺得世界上沒有人比蔡英文更好回應九二共識。只要她大大方方地問對岸一個問題：如果有九二共識，請對岸說明一下中華民國在九二共識裡的位置。但是她碰上「中華民國」，總還是逃避，或是忸怩。她可以說「中華民國憲政體制」，但就是很難說出「中華民國」。

就一個很可能第二次輪替執政的政黨領袖，就一個很可能即將當上中華民國總統的人，對「中華民國」四個字還這麼閃避，實在不應該。不只授對岸以柄，不只讓美國擔心陳水扁時期的冒進有可能重現，連國內也持續有人質疑與抨擊，這不是沒有原因。

國民黨心虛於過去內戰的失敗，儘管兩岸交往了這麼久，卻從來囁嚅，從來不敢在對岸面前講出「中華民國」。

國民黨的人，在對岸最多只敢背誦或複誦一九四九年前孫中山和中華民國的歷史故事。去對岸如此，在自己家裡見對岸的人，也是如此。

美國人要在大選前面試蔡英文，應該是因爲七年前陳水扁總統的前車之鑑令人不敢恭維。

林濁水回顧陳水扁在二〇〇六年縣市長選舉大敗，正當眾叛親離之時，如何訴諸台獨基本教義派的支持，使得原先表態出走的人立馬乖乖歸隊，得以保住自己的基本盤。

我問林濁水，這些台獨基本教義派佔多少。

「佔大約百分之三到百分之五，但是民進黨公職服務人員服務處的志工，三分之一都是他們。」林濁水回答。

所以大家心裡不免都有一個問題：如果蔡英文有一天也面臨執政交不出成績，民意低落，政權動盪之時，會不會重演陳水扁的冒進，也在兩岸政策上玩火，再度訴求台獨基本教義派的支持？

蔡英文越早誠懇地面對她要競選中華民國的總統，她勝選之後將要宣誓護衛中華民國的事實越好。

蔡英文應該回想一下二〇〇八年陳雲林來台時發生的事。

在那年光輝十月剛過，台灣許多地方還有中華民國國旗飄揚的時刻，國民黨政府爲了讓陳雲林賓至如歸，便在他經過的路線上都把國旗清除。結果有一幕景象是，許多長期並不認同中華民國的綠營支持者，身上穿著「恁爸係台灣人」，手上持著中華民國國旗聲嘶力竭地吶喊，而代表國民黨政府的警察卻不准、甚至在衝突中折毀了國旗。

八年前，民進黨支持者可以在街頭上維護中華民國國旗，不惜和警方流血衝突；八年後，蔡英文爲什麼不公開地跟這些支持者說，請他們也支持你在廟堂上護衛中華民國？

民進黨如果能再度執政，比國民黨還更堂堂正正地表達中華民國的立場，最少可以匯聚國內對兩岸政策的共識。

同樣的，如果民進黨也相信兩岸政策一切回復到政府與政府的談判，以國家的利益優先，那就應該眞心誠意地護衛中華民國。

這應該才是民進黨兩岸政策的第一哩路。

服貿的未爆彈

看看歐巴馬說了什麼，就知道我們的服貿談出了多少問題。

《兩岸服務貿易協議》，因爲民間一路的質疑，到太陽花運動而被擋了下來，又因爲《兩岸協議監督條例》都還沒有在立法院通過，而擱在那裡。但這還是遲早得面對的議題。

海協會會長陳德銘曾經說過，他們願意在服貿的議題上再等台灣兩年。之所以兩年，可能是給台灣準備大選一年的時間，再給新上台的政府一年準備的時間。

而我們新的政府，以及社會，對再次討論服貿議題、如何討論議題，到底準備好了沒有？

即使是民進黨上台，我都擔心。

◎

今年七月底林全接受周玉蔻訪問，談到蔡英文如果當選，是否續推服貿的時候，林全一面回答服貿仍然有很多問題要先釐清，否則推不下去，但是另一方面他也講了句很有意思的話：「但服貿、貨貿現在簽好了，要怎麼調？或許用行政管制、立法來補救，或補充協議把衝擊改變，這些都可思考。」

如果說是接受現有的服貿協議，再用行政管制或補充協議來減少衝擊，那是兩年前國民黨立院黨鞭賴士葆就曾經提出的方案。民間反黑箱服貿的人如果可以接受那個提案的話，用得著民進黨在兩年後再提嗎？

在整個反黑箱服貿運動的過程中，國民黨是為了把這個議題轉化為藍綠對決，所以一再咬定是民進黨在主控、操縱，是民進黨在逢中必反。但這眞的是誇大地抬舉了民進黨。實際上，在反黑箱服貿的運動中，民進黨很大的一個問題就是一直欠缺論述能力，大半時間也一直是瞻前顧後。民進黨對反服貿運動最大的貢獻，應該是拖延加後期在立法院主席台上的衝撞，逼使張慶忠不得不使出半分鐘爛招，最後引爆了太陽花學運。

我很好奇民進黨為什麼如此，因此去請教過林濁水。

林濁水認爲，民進黨對兩岸關係一直缺乏視野，也沒有論述的縱深，因此很多反應都是直覺式的。像是論辯ECFA（海峽兩岸經濟合作架構協議）的時候，民進黨要主打這是國民黨爲了台灣的大企業而犧牲中小企業。當時林濁水提醒他們，台灣傳統產業根本不是中國國家戰略所重視的，他們要開始騰籠換鳥，反而會對台灣的大企業有防範和戒心。民進黨不聽。結果ECFA早收清單一出來，果然如此。台灣的汽車、面板等策略性工業都進不去，面板的關稅還不降反升。中國開放的主要是農漁產品，反而是許多中南部的中小企業受惠。民進黨傻眼了。

也因爲ECFA論戰那次的失據，所以後來再碰上兩岸服貿協議，事實上眞要爲台灣中小企業說話的時候，民進黨反而餘悸猶存，躊躇不前。

◎

未來新政府再度面對服貿協議之前，需要先讀讀二〇一四年美國歐巴馬總統訪問日本之前，接受《讀賣新聞》書面訪問的那一篇文章。

歐巴馬談到美國面對亞太事務的一些立場。首先，他重視的是國家安全（national security）；第二，他提到經濟繁榮（prosperity）；第三，他提到對一些基本的自由與普世人權的尊重（respect）。最後，他談到和日本的TPP（跨太平洋伙伴關係協定）議題時，特別強調要消除一些非關稅障礙，譬如面對國營事業的不平等競爭。

馬政府簽的兩岸服貿協議，最大的問題正好是違反了歐巴馬提到的這些重點。

第一、我們政府在所謂「拚經濟」的思維下，把商業利益放到了國家安全的考量之前。

第二、在考量商業利益的時候，漠視了台灣許多中小企業面對對岸國營事業的不公平競爭。

第三、過程又黑箱作業，違反民主體制的程序正義這個普世價值。

黑箱服貿協議，讓我們看到台灣政府只想市場經濟，對上的卻是對岸的國家戰略。

太陽花學運之後，對岸直接、間接地邀請大量台灣的大學生去訪問。台大前學生會副會長范庭甄就是在今年寒假免費去了一趟。范庭甄告訴我，對岸接待的人非常坦白地跟他們說：推服貿，是他們統一大業裡的一個計畫。而相形之下，這些學生覺得自己家裡的官員老是要把服貿協議說成是商業活動，很虛偽（詳情請看本書第一六六頁）。

我們政府，始終要把服貿協議講成一個利大於弊的商業談判，並且總要糊弄我們說這個協議有助於我們進入其他區域經濟協定，以及進入這些協定有什麼好處。

譬如，質疑服貿協議的聲浪初起的時候，馬政府最常說的話，就是服貿協議不通過，台灣就加入不了TPP與RCEP（區域全面經濟夥伴關係協定）。而稍有常識的人都知道：TPP和RCEP是兩個互別苗頭的區域經濟協定。TPP是美國在當老大，和台灣要不要跟對岸簽服貿協議根本無關；RCEP是中國有影響力，但中國也從沒公開表示過要幫助台灣加入這個協定。更重要的是，如果我們自己的產業沒有利基，加入這些協定可能未蒙其利，先受其害。

◎

目前我們社會的共識是，立法院先審查《兩岸協議監督條例》通過之後，再審服貿協議。明年立法院重新組成後，我的期待是：在審查《兩岸協議監督條例》和服貿協議之前，兩者都需要舉行聽證會而不是公聽會。

公聽會沒有法律效力。從過去張慶忠曾經一天趕場舉辦六場服貿公聽會，而公聽會現場出席官員和立法委員都經常零零落落，就知道這可以虛應故事。但聽證會有法律效力。聽證會上，行政部門要一一回應問題。沒有回應，或是實問虛答時，行政處分就有瑕疵，法院就可以撤銷。

服貿協議之所以需要重新舉行聽證會，最重要的就是其過程實在黑箱，充滿太多令人不解之處，而馬政府始終迴避。所以把許多問題攤開來檢視之後，一方面有助於我們了解內容，另一方面有助於讓新的政府不至於重蹈覆轍。這才算是善用對岸給我們的兩年準備時間。

這些問題大致包括五大類：

第一類和程序相關，也就是和大家常說的黑箱作業有關。媒體報導，連對岸都訝異於我們會把服貿協議早於貨貿協議簽訂。這到底是否屬實？爲什麼會如此？

到底服貿協議內容的決策單位是怎麼組成的？服貿協議簽下的許多內容，看來不要說民間，連其主管機關的首長事前都不知情。這是怎麼發生的？

第二類，和國家安全有關。

服貿協議許多內容涉及國家安全的爭議。這些條文到底有沒有和相關部門溝通過？譬如，在公路運輸支援服務業裡，有個「公路橋梁隧道管理」項目，我們特別准許對岸可以用合資形式持股到百分之五十。社會上對這個項目有眾多質疑的聲音，馬總統在記者會上還曾特別想予以澄清，卻誤稱只許對岸持股百分之十二。後來我約前交通部長葉匡時，就服貿協議的內容有過一場兩人私下的辯論。問到這一點的時候，連他都說事先並不知情。這到底是怎麼發生的？

資訊安全、新聞與出版自由所可能受到的影響，也都在服貿協議的討論過程中出現很多問題，應該重新檢視。

第三類，和消除國營企業的不對等競爭有關。

連美國和日本這兩個標榜自由經濟的社會，又是戰略關係密切的盟國，在談判自由貿易協定的時候，歐巴馬都強調雙方應該注意消除國營企業的不平等競爭問題，那換作我們和各行各業都有國營事業的對岸談判呢？

我們政府卻完全沒注意這個問題，這可以看看當時的經建會主委管中閔的發言。

反黑箱服貿聲音初起之時，管中閔說，做生意的人一定是將本求利，陸商「怎麼可能賠錢不計代價來台灣做生意？」強調反對的人「沒有一個理由是通的」。

任何經濟學入門都會告訴我們有一種企業叫公營或國營企業。公營或國營企業之存在，就是可能不以營利爲最重要目的。而對岸各行各業都不乏國營企業的分身或變身，我們暫且不管管中閔爲什麼會忘了這件事，但重看服貿的時候需要整個重新梳理一遍。

第四類，無以名之的不對等競爭。

最有代表性的就是不對等的跨境服務。台灣所有行業的批發及零售業，都開放給對岸可以提供跨境服務，但對岸只對我們開放一項：零售業的郵購，其他一律不准。跨境服務的不對等，就是對岸任何批發業或零售業，可以不必到台灣來開公司，就能透過網路或其他途徑做我們的生意；

而台灣則不行，我們要做對岸的生意必須去中國設公司。雙方的條件如此不對等，可以形容爲陸軍打空軍。

第五類，和弱勢與日常民生有關。

譬如，「老人及身心障礙者福利機構」的服務，在台灣一定得是非營利組織來做。但服貿協議裡，讓中資進來卻可以是營利事業。殘障聯盟秘書長王榮璋說，這將會嚴重影響台灣這一類服務業者的生態。而他問衛福部官員爲什麼會談出這種條件，衛福部官員也說他們事先毫不知情。

另外，服貿涉及大量民生、日常生活相關，只要小資本就能經營的行業，雖不起眼，也很容易被忽視，卻可能影響重大。對岸許多也做小本生意的人一旦來台，他們語言相同，文化背景相同，和我們本地做小生意的人競爭起來的影響，不是麥當勞和家樂福來台灣所能比的。

二〇一一年，《中國時報》有個報導，說是一名陸配去萬華的阿公店打工。原來阿公店的老闆嫌她不對當地口味。但是幾年後，這名陸配買下阿公店，成了老闆，原來的老闆幫她打工了。

阿公店是台灣很本土也很底層社會的娛樂場所。如果對岸來的人能在阿公店都以他們的決心和努力殺出一片天，對其他行業的衝擊就更不必說了。

我們需要把兩岸服貿協議再冷靜地重新檢討一遍。

結語之一：統獨提款機

我們要政黨人物真正負責任地做事，首先得先停止讓他們使用統獨提款機。

我們不能不問自己一個問題：如果這個國家已經如此千瘡百孔，爲什麼我們會經歷幾任政府，兩度政黨輪替，卻一路惡化至此？或者，直到今天，問題都如此嚴重了，仍然不見檯面上的政黨人物正視？歷任執政黨固然如此，歷任在野黨也不免責任？

我認爲，是因爲我們的藍綠政黨都太會利用統獨提款機了。國民黨和民進黨都讓我們看到當他們執政到無牌可打之時，就是使用統獨提款機，製造對立，企圖藉由支持者對另一方顏色的厭惡，而轉移對自己執政無能的憤怒。

我們要政黨人物眞正負責任地做事，首先得先停止讓他們使用統獨提款機。如果台灣今天的積弊如此之重，那任由他們使用統獨提款的我們也有共同的責任。

所以我在寫這本書的時候，想到要針對要競選明年總統大選的人，放下統獨、兩岸這些很容易被顏色提款的議題，問他們一個身爲競選者，對治理國家不能迴避的根本問題。

因此我先後訪談了蔡英文、施明德、宋楚瑜、洪秀柱四位。如何看待我們行政體系與文官制度的潰亂問題（包括廢省的影響）？如果執政，準備如何改善這些問題？

我按他們接受訪談的時間順序，整理各人回答如下。各人回答都傳回給他們，請他們確認並補充過。

蔡英文

● 如果政府只做短期的，國家會垮掉；但是如果政府只做中長期，政府會垮掉。很多政治人物選擇做短期的，因為他自己的生存最重要；至於中長期，他覺得國家是大家的，以後再說。

● 中央與地方權責要重新釐清。中央官員做決策的人，經常不知道基層出了什麼問題。拿農業為例，農委會是菁英式的官僚在做決策，可是他對基層農業的實際運作不了解，真正掌握的是在農會。

● 有些政策不是好跟壞的問題，而是利益重新分配的問題，就算對社會整體它是好的，你也必須要去協調受政策影響人之間的利益平衡。

● 有經驗的領導人或政務官，他必須要帶領選民，去接受他想要表現的價值跟方向。一方面他懂得溝通，能夠說服選民，另一方面他的決策不再是菁英導向，而是要專業，並且讓人民可以理解及配合執行。

● 政務官的養成，需要過程和時間。看美國，是一代代執政培養而成，他們從副助理國務卿（相當於台灣副司長）層級就有政務官。但是台灣政務官是在次長的層級，太高了，不利於我們人才的養成。

● 民進黨因為輸過，反而有機會讓中央地方的人才互相流動，形成新的人才庫。二○○八年之後，人才擴散到地方，當過公共工程會主委的吳澤成去宜蘭縣當副縣長；曾經代理財政部長的李瑞倉，到高雄市去當財政局長等等。還有些地方養成的幕僚，後來去選舉、或是去當局處首長，我們再一次執政的時候，這批人就是下一個世代的新文官。

● 未來會重視區域治理。政府預算裡，人事和法定支出佔百分之七十，所剩的有限資源，要做最有效的運用。所以要做幾件事：一，中央要檢討業務，將可以下放的事項移轉到地方執行，讓最貼近第一線的地方政府有效運用，下放內容可以再檢討；二，鼓勵縣市政府聯合治理，才能有效運用資源，中央資源可以優先挹注這類項目；三，由直轄市來帶動周邊縣市的發展，可以把北北基形成一個首都圈，以及桃竹苗、中彰投、雲嘉南、高屏澎；加上花東和離島，共六大塊。

● 政策應該是系統性的規劃，動能才會出現。我常說有效的做事就要像堆柴火，把它堆好再點，才會燒得快，若沒堆好，一根一根的燒，燒完就沒了。

施明德

● 行政系統逐漸崩解的原因之一，是公務人員的核心價值消失。國家、責任、榮譽都不見了。自由、平等、博愛也沒有了；更不談憲法對於施政的準則：民有、民治、民享，也都不在公務人員的心中。

● 六都造成的冗員，以及資源不公平分配，更是問題。六都預算七千一百億，其他十四縣市合起來才三千億。所以行政區必須重劃。

● 政府的冗員多，不但使得效率低落，對下一代都有很壞的影響。我們知道的一個例子是，一名高二的學生來台北市實驗教育委員會申請在家自學接受面試，一副吊兒郎當的樣子。問他將來的志向是什麼，說是「公務員」。問他為什麼，說是「爽缺」。再問他怎麼知道的，說「因為我爸爸就是」。

- 各種政治獻金，也會讓一些公務人員配合「行政疏失」、「不作為」、「裝無知」。各地方政府的回饋金，就是財團和當地行政首長討論的密室政治。
- 政府治理需要釐清總統制、內閣制，還是雙首長制。憲法本文是內閣制精神，現在拿掉立院的閣揆同意權，而沒有完整、整體的配套，使整個憲政體制出現混亂。立法院透過黨團的運作，藍綠可以以程序相互卡關，有時也可以相互勾結放行，使立法院惡鬥不休。而總統又以實質影響力治國，違憲擴權。這就是台灣一直以來只有「修憲總統，沒有行憲總統」的事實。
- 任何憲政改革，沒有做到提升立委素質，憲改就沒有意義。而立法院不論是國民黨或是民進黨都是右派政客在把持，替財團服務居多。潘文涵的國民營養法，據說在立法院躺了三十年都沒有進入一讀的程序。
- 關於肅清貪腐如何立法，使民選首長及民代和公務人員的「財產來源不明罪」得以現形，是很重要。

●綜合的說，二十世紀的仇恨對立，跟二十一世紀的藍綠惡鬥都必須終止，所以我提出社會大和解，以及大聯合政府的主張。台灣才有可能邁向明亮的未來。

宋楚瑜

●政府的部會運作需要整合。以過去省政府處理口蹄疫事件為例，不是農林廳來簡報，而是省長帶著各廳處長去農林廳。疫區要隔離，下令警政廳設立崗哨，豬隻只許進不許出。疫區病豬需要銷毀或掩埋，交代環保處。搬運豬隻，人力不夠，找兵役處。教育廳要通知各縣市教育局及學校疫區消息。然後財政廳透過省屬行庫或農會，給養豬戶特別貸款、補助或借貸。我們是跨單位整合作戰。

●執行起來的研考也極關緊要。我們研考，不只是追蹤進度，也是幫忙解決問題。事情最後也不是說做完了就結束，而要我們服務的當事人簽字說滿意，才能結案。我們建立起這樣的研考隊伍。

●過去中央管政策，地方管執行、監督。現在把省取消了，中央就要補位。

●所以要修憲。修憲的重點有三個：

一、確認總統制還是內閣制。如果確認是總統制，那總統就要在中央整合各部會的運作。

二、中央和地方的權限要釐清。以前是四級政府，但現在應該細看是什麼業務，視情況而異。國防、外交，都只要一級就好。要逐漸釐清，把職權、員額、預算明訂清楚。

三、中央和地方的財政收支要劃分。地方政府的財政收入有三個：自有財源、中央統籌款補助、借貸。而六都之外的縣大部分是農業縣，農民不繳稅，沒田賦，自有財源少，不得不借貸。再不改變，苗栗縣的例子還會繼續爆發。

● 修憲可能很費時日。所以在修憲之前，應該先試做，形成慣例，再法制化。所以我說如果我當選總統要到國會報告，和所有朝野黨團進行政策對話。

洪秀柱

● 文官素質並不差，都經過考試上來，不能一竿子打翻一船人。

● 因為行政中立，形成超穩定結構，但也因為永業化而造成惰性，有些公務員有一種不做不錯，多做多錯，不希罕效益的心理。因此受到「封閉」、「僵硬」、「本位主義」的質疑。

● 本位主義是因為考績沒法落實，勞逸不均。預算分配不均，有的單位預算不夠，有的單位得消耗預算，會造成心理不平衡。這樣各自的核心能力也沒法與時俱進。

- 政黨輪替之後，政務官不斷更換，有些事務官會覺得鐵打的營房流水的兵，對新上任首長的政策，覺得是新官上任三把火，長官考驗他，他也在考驗長官。

- 就凍省而言，台灣的面積不大，四個層級的政府，確實有效率的問題，凍省也不能說不對。

- 後來政府再造，中央部會大幅度的調整，若干單位合併或裁撤，人員也應縮編；但為因應新興任務的需求，該新增的組織也該建立，人手也應擴充。

- 今天三個層級加六個直轄市，治理環境不一樣，十分動態。即使是國內的議題，加上全球化因素都變得複雜。

- 因此，政府要有前瞻的「跨域治理」。傳統的政府治權，碰上多元治理的需要，可以運用多元資源。公部門和民間進行合作，借重社會各方的資源，進行溝通、資源連結。

- 從體制上，學界提議參考OECD的高級文官制度設立「高級文官團」，在十一到十四職等之間的位置，有三分之一是外聘的，來銜接政務官與中級事務官的運作。但金字塔頂端本來就競爭激烈，這也可能引發內部文官的反彈。但若能引進外部驅動力的話，還是可能打破某些人一成不變、墨守成規的行事作風。

如果我們當眞相信人民爲主，政府爲公僕的話，那我建議每個人都想一個關鍵的題目，叩問這幾位總統候選人，或是公僕的應徵者。也從他們已經提供的想法裡，再繼續要他們補充、加強。有一位企業主跟我說他的疑惑：「不管執政、在野，政黨不應該都是爲了國家長期的發展而著想？不應該都是爲了謀人民的健康、快樂與福利？可我們今天的政黨怎麼都有嚴重的敵對情緒，像是在『打仗』地要你死我活？」

的確，主人是要僕人來改善問題，消除恐懼的，而不是迴避問題，撩撥恐懼。我們就從要求這些僕人別再使用統獨提款機開始吧。

◎

我們自己也別再使用這台統獨提款機。

「我們說中國大陸沒有言論自由，其實台灣也是。」一位朋友這麼說，「講起統獨，許多夫妻反目、父子成仇。誰都不聽誰的。」

很多人說，過去十六年，馬扁兩位總統，合起來就是個「騙」，浪費了台灣大好時間與資源。我倒不覺得。至少，這十六年走下來，我們對統獨兩個極端多了很多體會。

如同林濁水所說，台灣有百分之三到五的台獨基本教義派，台灣也有一定比例的統一基本教的對立。

義派。歷經十六年兩位總統帶給我們不同的體驗，處於光譜兩個極端的人到了該互相體諒一下的時候，處於光譜中間的人也該有了自處之道。

很多人焦慮於不知怎麼化解統獨的「對立」、「撕裂」。

我倒覺得：擔心統獨「對立」、「撕裂」，其實出於陸地觀點。如果我們換了海洋觀點，大有不同。

陸地觀點，會凸顯峻山險谷的高低差別，因此一不小心也容易只看到對立的彼我。

海洋則不同。海底雖然也有深溝淺灘的不同地形，但是一切都被包容在寬闊的海面之下。不同區域的海水，雖然也有不同顏色的變化，但這些不同顏色的海水並不是彼此隔離，更不會對立——它們彼此還是並存、交流，只是隨時間與光線的變化而呈現不同的色相。

台灣位於海洋之中，我們應該用海洋思維來容納統獨的並存，而不是用陸地思維來強調統獨的對立。

我們面對海洋，就該接受海洋的提醒。

第二部

希望的總和

The Sum of All Hopes

未來三種人才的出現

新時代人才登場。他們使用數位化與國際化的工具，參與社會「行動」，參與社群「協作」，為台灣注入新的能量。

初次看見唐鳳，我想：「唔，她的頭髮比維基百科上的那一張短很多嘛。」之前當然就聽過她的名字，因爲她從小就以自學的突出而爲人所知。中學輟學後，進入電腦的軟體領域大展身手，一直特立獨行。

那天去她家樓下的咖啡館，是爲了我苦惱的一個問題。近年來我在開發學習華語的軟體，始終難以掌握開發的模式。當時我已經在嘗試過外包之後，改爲在公司內部組成團隊。我們團隊能開發MAC和PC系統，也可以做 iOS 系統的產品。但是無法做 Android 系統，對電子書開始風行的 ePUB3 格式，也很陌生。

現有的開發團隊人事成本已經很重，想到要再增加人手或外包成本，眞是個無底洞。因此才想到去問她有什麼奇招。

坐在我對面的唐鳳，在我把問題一古腦地倒出來之後，幾乎沒有停頓就給了我答案：「就做Web-based的啊。Web based可以跨所有系統，打個包，就是ePUB3，轉換行動載具的兩種平台也很容易。」然後她加了一句後來我常聽的口頭禪：「講完了。」

唐鳳不只給了我一個很有衝擊力的回答，還因爲聽她在大力推動的開放源碼（Open Source）而大開眼界。之前我的印象是：寫這種軟體是非營利性的目的，主要都是公益團體在用。但唐鳳讓我知道的是：不只如此，營利性質的企業也越來越需要。因爲你寫的開放源碼給所有人使用，別人在你寫的程式之上新開發的部分，你也都可以使用。所以這是你爲人人，人人爲你，只要你的軟體好用，全世界的人都來使用改寫的時候，你也就擁有了全世界的開發團隊。

因爲這樣可以節省人事成本，所以許多大企業、大量使用的軟體都走上開放源碼。臉書就是使用大量開放源碼寫出來的，而臉書自己有多人團隊開發多年的軟體也開放出來。「因爲這樣他們就不必養人繼續開發、維護這個軟體在其他平台上的使用。」唐鳳說，「他幫我們開發了一個軟體，我們也在幫他繼續開發這個軟體。」

還有，你如果寫了開放源碼的軟體，也可以產生收入。因爲下家把你的開放源碼加工而寫出衍生作品後，他也要把加工的部分同樣開放出來給別人使用；如果下家不願意開放他寫的這個部分，你可以主張收取高額的授權費。

總之，唐鳳讓我看到兩件事情：第一，過去軟體需要針對電腦系統的差異而編寫不同的版本，然而今天卻有些新方法可以打破這些框架的限制；第二，過去你擁有一些軟體的元件當作珍貴的資產看，然而今天卻往往要當負債看，因爲各種應用的載體太多，你想要獨自負擔這些元件的更新，時間和金錢成本都成了不可負擔之重。而開放源碼「我爲人人，人人爲我」、「協作」這些原來很不商業的精神和作法，卻給商業世界提供了新的解答。

世界的變動又快又大，我們的思維必須翻轉。

未來人才的產生，和過去大不相同。

◎

台北市文化局長倪重華是資深音樂人。去年，在他還沒進入市府之前，我們聊起未來的人才，他跟我講了音樂產業的例子。

過去音樂工作者的收入，是靠銷售CD的版稅。像張學友的《吻別》可以賣一百多萬張。但今天這種事情已經不存在了，音樂CD的本身，在台灣能銷售一、兩千張就不錯了。音樂工作者的收入，主要來自於開演唱會，從門票和其他周邊產品上產生收入。

「所以人人都得在舞台上唱現場。」倪重華說，「不但唱現場，還得準備好可以長時期唱連續的現場，還要輾轉各地。」

因此，他說，過去大家對音樂工作者可能有個印象是很像藝術家，很即興，會晚起而善於夜間活動，又常熬夜等等。

「但現在不同了。你要注意兩個課題。第一個是鍛練身體，可以讓自己有體能在舞台上打開身體來演唱。不只是舞動的體能，而是打開身體來唱的體能。」他說，「第二是要養成良好的生活紀律，讓自己可以適應表演時間在晚上，卻又能長時間奔波各地轉場的工作節奏。」

這也是一個未來人才的產生，和過去大不相同的例子。

◎

由於我在出版業，所以一直很關心知識如何取得與應用。

近年來，許多領域的知識都在網路和數位的發動，或者推波助瀾下，快速變化與更新。各種舊有的典範、方法，都在重新定義。

唐鳳和倪重華告訴我的事，一方面讓我更眞實地感受到這些變化的溫度，一方面也讓我對一件原來很憂心的事有了新的看法。

從學校教育裡取得的知識，一直有相當大的侷限。

這是因爲今天的學校教育把知識領域切割得十分細碎，使學生很容易錯過整體、綜觀的認知；另一方面又因爲各個細碎領域裡的知識變化得太快、太大，學校教育的更新追趕不上。

這是個全球性的課題。而在台灣，因爲從中學以上過於重視應試教育的副作用和後遺症，又格外嚴重。

學生即使進了大學，所進的科系大部分都是成績和分數落點的結果，與自己的志趣關聯不大。更嚴重的是，中學六年被各種考試壓得難以呼吸之後，一旦終於進了大學，對很多學生來說，「由你玩四年」是最重要的享受。

當學生進入的科系和自己的志趣無關，又因爲長期考試壓力的後遺症而對吸收知識這件事情產生排斥，你再怎麼想要刺激他產生興趣與動力，都可能事倍功半。

今年教育部一場研討會上，我聽一位長時間帶領學生寫作的教授說，那批學生在經過中學六年的應試折磨後，剛進大一的時候對任何寫作都排斥，連寫個句子都有難處。是這類問題的一個例子。

二〇一五年開源人年會（Conference for Open Source Coders, Users and Promoters，簡稱 COSCUP）的總召集人畢玉泉，也說他進大學之後很長一段時間根本不想看書，直到大四及研究所時，才開始喜歡看書、買書。

如果過去世界的變動幅度沒那麼大，應試教育的後遺症都已是我們的難題，那麼今天時代的變化又來到新的節點上，我們要怎麼面對舊有問題和新生情況？

在我思索也整理這些疑慮的過程中，卻意外地找到了讓我樂觀的答案。

◎

太陽花學運開始了一段時間後，有一天我注意到一則新聞，說是有文創廣告業兩百人連署聲援學生，並推派代表到立院議場向學生表達支持。參與者有網路基因、奧美廣告、智威湯遜、電通國華、雅虎奇摩等，許多知名廣告、行銷公司的總監、創意指導等人士。他們說：「對不起，我們來晚了。」

其中包括一些國際廣告公司的高階主管，這讓我很好奇。所以我就聯絡他們，約他們一見。

我們見面那天是四月一日。當天白狼號召反反服貿遊行，很多人都擔心會流血衝突、場面失控。那天有七位廣告、行銷，尤其在數位方面的高手出席。會議的結論，是他們回去想一下有什麼可以協助學生的地方，再來提一個方案。而會議快要開完的時候，上網一看，才知道現場沒有見紅，倒是紅了來來哥。大家都很開心。

大約一個星期後，到了續談的日子，來的人只有一位，是網路基因的總經理施俊宇。他跟我解釋，一方面是當時太陽花已經宣布退場日期，學運即將告一段落，但另一方面，更重要的是，他告訴我：他們發現所有他們想到學生可以做的事情，學生都做了，包括「割闌尾」。他說：「他們差的，只是執行的精細程度而已。」

◎

任何一個進入社會的人，都不可能只是倚賴從學校或課堂上得來的知識。因此，沈從文曾經說過一句話：「我讀一本小書，同時又讀一本大書」。他說的大書，就是指社會這個大環境。人生的知識從來都不是只來自書本。

太陽花學運裡發生的事情，正好給了我們二十一世紀在台灣發生的例證。

許多年輕人被考試教育所破壞（如果我可以不用「摧毀」這兩字）的對吸收知識的興趣，卻因爲他們關心的社會議題，而重新點燃了熱情。

且不說太陽花運動期間，那麼多學生熱中於在街頭吸取他們對「服貿」議題、各種民主議

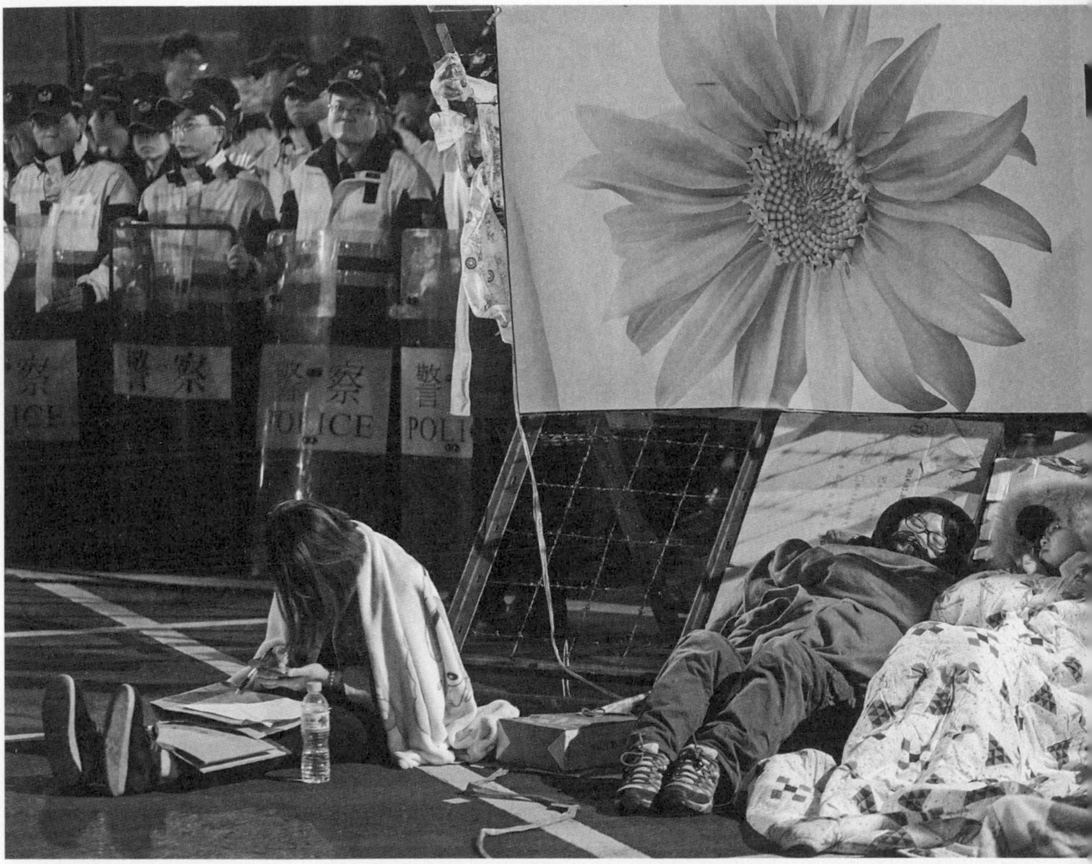

太陽花學運期間，學生參與這場社會運動，又堅持在社會中繼續他們的功課，是動人的一幕。（黃彥文攝影）

題的知識。以台大新聞所e論壇爲代表的大量學生，展現了他們參與「即時協作」（Hackpad、UStream）、社群媒體經營、群眾募資、互動式視覺圖表報導的知識創造和分享。

社會參與，成爲我們年輕人追求知識的動力。

社會參與，也成爲我們年輕人實踐知識的場域。

知識「協作」的精神和方法，透過太陽花運動，在台灣發生。帶著專業與誠意前來，想要支持學生的廣告、行銷專家，發現他們所能想到的事情都被學生做了，只是差一點執行的精細度而已，正是一個實證。

太陽花運動，是台灣許多事務改革的起點。

台灣人，尤其年輕人，因爲社會參與而重拾他們追求知識的熱情，因爲社會參與而實踐他們的知識，是關鍵的一環。

◎

二〇一五年的開源人年會上，我再次確認這個看法。

開源人年會，就是寫開放源碼的人一

年一度的聚會。二〇〇六年開始的這個年會，起初只有大約兩百人參加，到今年滿十周年，已經有兩千人參加，並且報名是秒殺就額滿，成爲不只台灣，包括亞洲都是規模最大的科技研討會。

我跟主辦單位提出訪談的需要，拿到一張門票。只是他們特別提醒我：「可參加的人都是阿宅噢。」

我不只是對開放源碼感興趣，也因爲看到過去的報導，對志工們那麼熱烈的參與感興趣。以今年來說，志工總共有兩百名。而兩天兩千人參加，兩個會場十間會議室，全部八十場的研討會，全都是這兩百名志工一年一度任務編組，辦出來的。畢玉泉不無得意地跟我說：「我們沒有花

2015 年 8 月舉行的開源人年會（COSCUP），全場 200 名志工。（圖片來源：王綱民〔COSCUP〕攝影，以 CC:BY

錢聘請任何一個人，包括工讀生。」

畢玉泉是成大資訊工程系畢業。和其他大部分來參加年會的人一樣，他也是另在一家叫作sharelike的公司裡當技術長，在這裡只是志工。他要我叫他CrBoy，或是小畢。

COSCUP有個口號是：四〇%議程，六〇%交友。也就是來交朋友比你學到什麼還重要。第一天晚上有一個高潮活動是Birds of a Feather，更是讓你找到和你有同樣羽毛朋友的機會。

爲什麼對這些寫軟體的人來說，交友比聽議程更重要？我先以爲這是因爲大家都是阿宅。但是實地去看了，也和小畢談過之後，發現遠不止如此。

小畢和許多其他人一樣，也是學資訊工程的。在軟體相關知識的領域裡，他說，學校老師教你的，都主要是基礎的、理論的，比較不會被時間淘汰。而眞正應用的技術，卻是從社群裡學來的。但是天下的技術如此之多，在學習之前，你一定要先聽到、先知道你想學什麼。這就是交友的重要。社群裡大家會互相分享自己覺得很棒的技術，你受到刺激了，感興趣了，才會進行下一步。

「這樣的話，你自己如何學習新知識的能力就很關鍵了。你覺得學校有培養這種能力嗎？」我問他。

「沒有。學校裡要你學的不是怎麼學習新的知識，而是把課本上的東西一字不漏地記下來。」他強調了一遍，「一字不漏。」

「那交朋友的能力呢？」

「學校也沒有教我們怎麼交朋友。」他回答。而他們之所以說四〇%聽議程，六〇%交朋友，除了是彌補交朋友的樂趣之外，其實也是對學校教育方式的另一種反動。「聽議程和聽老師講課是一樣的，都是上頭有人講你在下頭聽，像是 Client-Server 的關係。這種單向傳遞知識的路行不通了。而你在社群裡和朋友的學習，是P2P的學習，可以隨時彌補你的不足。」

這樣就解開了我的一個疑問：這些阿宅既然如此重視一年一度見兩天面的機會，爲什麼會有這麼大比例的人願意熱情地當志工，而不擔心錯過年會的內容。因爲當志工就是最活躍的交朋友的機會；因爲他們相信眞正的學習不是聽講台上單向傳下來的內容。

「不過第二天晚上的 Lightning talk 閃電秀，每場五分鐘的會，是我們每個志工也都要去聽的。」小畢補充了一句。

◎

協作學習與工作，也注定我們每個人都需要世界化、全球化。

以寫軟體來說，傳統的觀念是技術本位，人人追求練成自己獨門的本領。但是在開放源碼協作的時代，你自己的本領固然重要，但更得了解別人的本領，也要具有和別人協作的本領。

唐鳳是個很好的例子。我雖然也知道她在軟體寫作上有過人之處，甚至在一些程式語言的發展上是世界級的貢獻者，但她給我最深的印象，還是她對全球範圍內各種軟體都有了解或搜尋的能力。每當我問起她一個問題怎麼解決時，她幾乎都可以馬上告訴我，這個問題曾經或正有哪些人提供解答，尤其是開放源碼的軟體。也因爲是開放源碼，所以你或者可以直接使用這個解答，或者可以在這個解答上再新增或修改你需要的東西。

唐鳳白天悠哉悠哉地參與各種公眾事務，也樂於幫別人提供軟體上的解惑意見。但是她晚上就要忙著開會，爲兩家全球性的企業擔任正式顧問。而她工作的內容很大一塊是協助搜尋並建議使用哪些開放源碼。聽她口氣，可以知道酬勞很高。

所以，以唐鳳爲代表的新世代軟體人才，讓我看到的特質是：你有自己的專長，再加上足夠的語言能力，便可以在全球範圍內參與社群，在社群內交換也掌握全球的軟體開發訊息，然後知道這些訊息如何爲需要的人所用，可以建議別人要用的時候如何使用，可以協助別人在修改的時候進行修改、加強，然後把修改、加強後的東西再在社群裡當作新的訊息傳播出去。

最重要的是，因爲是開放源碼，所以大量的工作是別人已經做好的，你不需要重複浪費人力、時間。而你修改、加強後的部分，也開放給大家使用，使得未來其他人不需要再重複浪費人力、時間。

就個人來說，沒有自己的專業、語言能力和社群脈絡，做不到這件事；就時代氛圍來說，如果沒有開放源碼，也發生不了這件事。

從開放源碼也可以看得出來，台灣必須有主體意識，必須望向世界，絕不是只有政治面的考慮。台灣的社會體制，加上環境與資源的條件，使得我們必須如此。

今天的對岸是「七不講」的社會體制，偏偏台灣是公民意識與行動如此風起雲湧的社會；對岸的市場大、資源多，可以針對世界上發生的許多事情主張有自己相對應的封閉系統，有中國特色的系統。然而台灣不是，台灣必須借力使力，「我爲人人，人人爲我」是台灣必須要有的信念；望向世界，是台灣必須要有的方向。

◎

我這樣整理著這些思緒，觀察著一路看到的人，畫了一個圖來說明台灣正在出現的三種人才，也是我們未來需要的三種人才。

台灣日益少子化，人口越來越少。我們難以改變這個趨勢，就要在人口質量上特別注意。也因此，全面培育新的人才，是唯一的出路。

新的人才，有三個面向：西進大陸、開發全球、耕耘台灣。

對於這三種人才，也需要澄清一些誤解。

對西進中國大陸，該避免的誤解是：「不能和中國大陸的人競爭，怎麼和全世界競爭」。

這種說法的問題，有兩個層面。第一個層面，在於中國市場和中國以外的世界市場，有相當大的差別。因此在中國生存、發展所要具備的能力和條件，和在其他世界市場生存、發展所要具備的能力和條件，有相當大的不同。

我們不會說：「不能和日本人競爭，怎麼和全世界競爭」。中國大陸對我們來說，也是如此。

第二個層面的問題，在於這種說法的心態

形同把對岸看低。好像和對岸的人競爭，是我們練拳的沙包，而忘了即使你能和全世界的人競爭，也不見得能和中國大陸的人競爭。

對開發全球市場，該避免的誤解是，並不是大企業、大資本才能開發全球市場。事實上，今天正好相反，可能正因爲你是小企業、小資本，你才必須開發全球市場。而開放源碼，以及唐鳳的例子，都告訴我們即使是個人工作者，這都是可以做、也必須做的一件事。

對耕耘台灣，該避免的誤解是：耕耘台灣，不是小確幸才做的事，更不是沒有企圖心才做的事。今天，有很多人在走過中國大陸一圈，或者在各個國家待過一陣之後，選擇回來台灣；而更有大量的人，選擇離開台北，往中南部等自己的家園回歸。他們都是深耕台灣的代表。

這三種人才裡，不論是哪一種人才的養成，都需要具備兩種基本工具：數位化的工具、國際化的工具。而在這同時，國際化必須數位化，數位化必須國際化。開放源碼是最好的解釋。

台灣社會的發展，又給了我們一個特殊的環境，或土壤。就是人才可以也需要從參與社會運動中印證自己的意義，並培養也練習自己所相信的價値。而透過「行動」與「協作」的成長過程，正好呼應了開放源碼的時代意義。

每一個人都站在另一個人肩上眺望更大的世界，已經不再是期許，不再是挑戰，而是生存的基本條件。

台灣在全華人社會裡有最民主、開放、自由的社會土壤，時代也在證明這是培育未來新的人才最好的土壤。這些人才也是讓我們走出困局的解方。

接下來的兩章，我就要說明我所實際看到的一些人的故事。

這些人或者是年輕人，或者是保持著年輕的心，讓我們在黑暗中看到台灣新的生機與光亮。

敢於不同的勇氣迸現

面對世界、面對對岸、面對台灣，他們都在走別人沒走過的路，打開別人不敢想像的夢想。

有一天，李遠哲先生跟我說：據他和許多諾貝爾獎得主相聚所得的觀察，這些人不論你是否喜歡，起碼有一點是他們共同的特點。

「那就是他們敢於和別人不同。」李遠哲說，「他們敢於提出一些想法，相信這樣可以改變世界。」

◎

二〇〇七年，有對岸的出版人參訪團來台灣。下飛機後，他們說期盼的有兩件事：一是去看一刀未剪的《色戒》，另一是參觀一家專門以性與漫畫爲號召的大辣出版社。性，在中國大陸始終是個禁忌色彩很濃的話題。掃黃和打黑總有關係，所以來台灣能看一部床戲大膽而完整的話題電影，再看看以出版情色書爲號召的出版社，成了他們的嚮往。

我總覺得台灣應該多些這樣的事情發生。

今天台灣要和對岸在商業裡競爭，論資金比不了，論市場規模比不了，產品生產、行銷，也佔不到優勢。所以我一直在期待，並尋找一些可能：有沒有什麼是對岸想發展也發展不了的商機？想模仿也模仿不來的機會？

會不會因爲兩岸政治體制的不同，所以有些商業機會只能在台灣發生，而在對岸卻發展不起來？

林思吾，讓我看到一個例子。

會想到去找林思吾，是因爲有一天新聞裡說，台灣有個年輕人創立的網路公司，拒絕馬雲的投資。我想知道這是怎麼回事。

林思吾看來比我想像中的年紀大一些，有三十上下。但他名爲「阿物」的公司卻並不年輕，事實上已經成立了十三年。他們的服務內容是：分析影響 Google 搜尋引擎排名的要素，用比較低的成本有效地幫客戶改善在 Google 搜尋引擎上的排名，因而可以接到比較多的訂單。

這個業務聽來並沒有那麼新奇，似乎很多公司都號稱他們會提供類似的服務。我好奇地問他爲什麼有自信甩開其他競爭對手。

「影響 Google 排名的要素，他們自己公布了三、四十項。可我們累積了十幾年經驗，建立了一個分析兩百項要件的基礎。」林思吾接著說，「我不做中國的原因有兩個：一是 Google 在中國行不通，二是爲了證明台灣經濟的主體性，不必非中國不可。」所以他們的客戶不只是台灣想做全球市場生意的人，也包括了許多全球知名的大企業。

我很高興看到林思吾在做的正是我在尋找的。

因爲對岸要管控新聞及資訊，所以 Google 在對岸遭到干擾、屏蔽。在這種情況下，以 Google 爲提供服務的平台沒有發展機會。對岸的人才再多，也不會往這個方向投入。這就是台灣以自己社會體制和對岸不同的特色，而區隔出一塊對岸沒有興趣發展、也無從發展的領域。

那如果有一天對岸也解除了對 Google 的干擾和屏蔽呢？那就表示他們的社會眞正開放了，一個開放的社會，自然能容許別人加入。

在我訪談的年輕世代創業者中，讓我看到一個特點，那就是除了賺錢，他們都有強烈的意願參與社會上其他賺不了錢的公益活動，以及公民行動。林思吾談起政治和環保，就充滿了熱情。

「台灣年輕人厭惡以台灣的主體性來換取經濟利益。」他說，「而三一八讓我發現，我的生活徹底和政治有關。」他也向我介紹了一些在三一八之後，決定從國外回到台灣，想設法改變這個國家的朋友。

林思吾自己在做的事，顯然是從兩方面同時著手。

第一，是經營好他的阿物，往世界投射。

「台灣的公司法令與賦稅制度目前都還停留在製造業的思維，對軟體公司來說一點都不友善。」林思吾說，「我們政府的政策只看到既得利益者。既有的稅法，根本是逼你當外企，懲罰本土企業。他們完全沒有覺得台灣有全球化的可能。」

他認為台灣需要的改變，最根本的在於心態。「很多人看到、也知道一些網路的成功例子，但就是不相信台灣人可以做到。」

「台灣軟體人才被矽谷挖走，證明我們不差，差的只是對世界的想像力。」所以明年他們將去紐約設立公司，他很乾脆地對我說，「將來我就是要以在那斯達克上市為目標。讓大家看看台灣人的可能。」

第二，他關心政治和環保議題。

像是對於最近一些電商走向東南亞，他就建議：「把東南亞劃進來是對的，讓台灣有話語權和中國、美國分據。但是去東南亞不要只是經營當地脈絡，而是要全球化。要政治、經濟都和台灣有Link，不能只是想賺錢，而不想政治影響力。」

林思吾也喜愛旅遊，寫過兩本相關的書，所以他也把這個愛好和自己公司的未來願景相結合。「讓台灣走向世界，讓世界走進台灣，這是我的兩個願景。現行的阿物就是企圖要打造一間全球化的網路軟體公司，未來也會讓台灣的伙伴能夠在我們世界的每一個據點工作，去建立起除了中國與美國之外的世界觀。」林思吾說，「另外一個Project叫作Taiwan Onward，將台灣這個土地的許多故事轉化成旅遊的動力因子與旅遊行程，透過這個平台傳播到全世界，讓全世界走進台灣，住進台灣。」

最後，他再加一句：「當然，阿物的專長在這種以內容導向且多語言的網站，會被放到極限大。」

◎

雷亞，也是典型的敢於不同。

雷亞是一家做遊戲的公司。台灣的遊戲市場，排行榜上佔滿了來自中國的產品。少數有自己品牌的，也是只會做武俠，而武俠的大市場在對岸。

雷亞和台灣其他遊戲公司最大的不同，就是他們敢於挑戰過去沒人敢挑戰的兩塊領域：一，在國際市場上建立自己的品牌；二，直接進攻國際市場，以自己的品牌和內容授權給國際知名大廠來生產產品。

他們的夢想很大，但他們做到了。

雷亞以前做 Premium 遊戲，一年一款，做了四款，也有兩千五百萬人次以上的下載量。但眞正成功，是從做 Cytus 和 Deemo 這兩款和音樂相關的課金遊戲（Freemium）開始的。

這兩款音樂遊戲和超過一百位日本、韓國音樂創作者合作。二〇一三年公開招募了六百首，選了四十首。二〇一四年招募了一千兩百首，選了一百四十首。

「日本有很多人才華洋溢，但是不知如何發揮。我們的遊戲吸引他們來參加，成爲展現他們才華的平台。」雷亞的執行副總張世群說，「而這些人也回過頭來成爲我們遊戲的推廣者。」

接著，雷亞推出了 Implosion 聚爆，一款一次性付費的科幻動作遊戲。我看到一則報導說，在蘋果官方的推薦語中，聚爆「被稱爲手機平台的『AAA級遊戲』」。聚爆在 App Store 和 Google Play Store 都當選全球編輯精選，登上全球各國家的首頁推薦，App Store 更爲雷亞做了品牌館。

張世群告訴我這兩個紀錄不只是華人世界前所未見，在全球遊戲公司或開發者中也是少見。而二〇一四年六月的 Google I/O 開發者大會，雷亞是十三家 showcase partners 之一。

雷亞不但前三大市場是日本、韓國、美國，和台灣其他遊戲公司不同，他們也顛覆台灣只能接受國外訂單做代工的習慣和思維。

像 Cytus 這款遊戲，雷亞就授權給遊戲大廠 CAPCOM 來製作大型機台（Cytus Omega），並由雷亞來監修，預計二〇一六年初上市。Deemo 這款遊戲則授權波麗佳音公司，製作遊戲音樂原聲帶，佔上日本公信榜周排八。另外他們生產的周邊商品進軍東京 App Bank Store 預購，當周銷售第一，輕小說則將於今年第四季上市。

雷亞的兩個經營伙伴，執行長游名揚大學讀的是森林系，碩士讀的是台大多媒體實驗室，負責開發製作；張世群是淡江企管畢業，在阿拉伯國家和南非待過八年，負責開發市場。

和他們兩個談話的過程中，聽著他們爲我很精簡地歸納出成功的秘訣，也看到了他們很特別的堅持。

「回顧我們的過程，有三個階段。第一階段是觀察環境；第二階段是適應環境，做到水準以上；第三階段是改變環境，借助玩家與品牌的基礎，來做出突破性的遊戲。」游名揚跟我說，「正好我們做 Cytus 是堅持做出問心無愧的產品，不論花多少時間；做 Deemo 則是損益兩平，讓大家有信心；再做 Implosion，在業界是突破。」

張世群補充了一句：「我們要做世界級的開發者。可以不只是遊戲，而是動畫加音樂等其他產品的保證。」

他們這麼不計時間成本地開發讓自己滿意的好產品，是很燒錢的。但是我聽到他們對資金很有一套自己的看法。

「企業維持金流的穩定是應該的，但也一定要保持創新及忍受虧損的可能。所以起步的時候完全不考慮中國大陸的錢，因爲我們擔心會影響內容的創造。」他們說。到現在確定自己的根基了，才不排除可能。

而對於很多公司期望的上市上櫃，他們則這麼說，「我們如果想上市上櫃，一年內就可以了，但是我們懷疑台灣是否可以忍受創新的虧損。」

雷亞的辦公室極具「玩心」，把遊戲角色作為各個會議室的設計主題。如上圖這間牆壁繪有立體效果的 Mandora 圖案，而乒乓球桌就是會議桌。（陳柏宏攝影）

對他們來說，比財力更重要的，是腦力。「我們就是希望、也相信可以做出好的產品來殺出一條路，好到可以突破廣告預算的不足。」游名揚說，「要做出好的產品，就得有最好的腦力合作。」

「台灣很多年輕人都想去Blizzard、Pixel、Disney，也有成功的例子。我們正想努力吸收這一批人。讓他們展現才華，可以和別人搭配。」游名揚說。

而這正好是我們長期以來只注重半導體、電子業的政府，以及社會的盲點。

◎

我和謝耀輝見面那一天，眞沒想到會談到四個小時。

耀輝和他同學一起創立的公司已經在兩岸三地都有據點。活動通是他們在台北和香港的品牌，活動行是在上海的，都是在互聯網上提供讓人進行事件行銷的平台。現在他在對岸的時間居多，那天正好回台北。

會和他談那麼久，不只是他也像林大涵一樣，對產業結構、企業經營都有很不同的觀點，也因爲他對中國大陸的了解深，做兩岸許多對比的時候，十分誠懇。

他和創業伙伴都是讀台科大資管。「讀資管、資工的好像畢業第一志願就是要進竹科，進台積電、聯發科、鴻海，」謝耀輝說，「但這些企業都在做硬體，比的是資本密集、租稅優惠，進去工作就是管好製程，顧好機器。比的不是人厲不厲害。」

談到人，謝耀輝對一種說法特別有意見。「有人說：如果競爭不過中國大陸人，怎麼和全球其他人競爭？這個說法的前提就是錯的。」他說，「第一，隱含著他們應該比你差的意思。但他們的資本、人脈怎麼會比你差？第二，應該不是和對方競爭，而是應該談如何融合，借他的勢。大陸的整體經濟放慢，不樂觀，但還是可以做，並且應該挑著做。」

我問他有哪些可以做。

「人的感受是服務業很重要的一環。目前大陸許多還是靠大量生產、以量制價的方式來搶佔市場，或是透過免費與補貼最直接攻人的本性，」謝耀輝說，「但是我覺得台灣許多故事行銷、感動行銷以及重視以人為本的一些產品設計與體驗，都是值得放在大陸來複製的。當人民收入達到一定水準以後，一定會有一群人開始不滿於原本的不足，追求更完美的貼心服務。」

在前面一章，我提到未來的三種人才裡，面對中國大陸的那一塊，謝耀輝眞是很好的代表。他不是爲尋找便宜的代工而去的，也不只是在那裡打下一塊市場，他眞的是十分用心地體會對岸的一切，沉澱進自己的思考。

「台灣本來就是一直要跟全球競爭，只是在全球分工下，中國大陸搶走許多台灣原本的生意，也就是許多代工製造產業大陸已經能夠做得更好、更便宜、更大量。」謝耀輝說，「而台灣現在必須做大陸不能做的事情，才能避開被完全取代的可能性，無論是產業升級提高研發能力，或是重視全球化行銷提升品牌能力，我認爲都是各行各業要思考的問題。」

在這同時，另一方面，由於台灣人都說中文，與中國有共同的歷史文化，謝耀輝的分析是：「我們更應該有效運用這些寶貴的資產，無論外商能夠結合台灣人進入中國市場開疆闢土，或者是大陸廠商想透過台灣這個前哨站將產品或服務銷售全球，我覺得都是看我們台灣人如何把自己妥善定位。」

◎

鄭國威在走的路，是另一個類型。

之前剛認識他的時候，他是在做全球之聲的中文版。現在，他是口碑甚佳的 PanSci 泛科學總編輯。泛科學的成功，在於能把「科學」、「生活」、「新聞」做很機動，又很有趣的結合。像是八月底一個畫展出現小孩撞破一幅畫作的新聞，他們的熱門文章區就出現了畫作「修復十八小時近完成」。

我本來覺得他是個比較冷靜、嚴肅的人，但是有一次在網上看到他在辦泛科學的活動照片，他那麼開心的笑容，一下子就可以讓你分享他現在工作的心情。

泛科學本來是台灣數位協會所成立，現在成功，自己獨立出來。和台灣其他在做互聯網事業的人一樣，泛科學早期的資源也不多，但是鄭國威還是做成了一個「全台最大科學知識社群」。對岸也有和他們類似的網站，融到了一大筆創投。而泛科學從台灣數位協會一個非營利性事業單位出發，發展到今天格外難能可貴。

對中國大陸，鄭國威保持密切觀察。他認爲未來半年到一年，特別值得注意。「現在的年輕人去大陸工作，成爲比較自然的選擇。被吸去和有戒心的兩種拉力並存。」鄭國威說，「未來半年到一年，將是中國企業大舉進入台灣的時候。我們應該認知中國大陸的力量，把我們自己善加發揮小而美的特色。」

他再進一步解釋：相對於大陸，我們是丁點星火，很容易又被併購。「但是我們做的事情應該是明亮的火把才對。我們需要把台灣的獨特性抓出來。」

所以，鄭國威說，泛科學不能光做台灣，接下來會向新加坡、馬來西亞等東南亞地區出發。台灣做內容的業者走向國際，這個挑戰不小。但是鄭國威淡淡地說著，不動神色的表情，更讓人覺得接下來的精采可期。

◎

接下來我要講的人，生理年齡已經不年輕了，今年六十八歲。

葉清來是一家上市的紡織公司宏遠興業的老闆。他做這個行業已經有四十六年了。

我因爲看到他一場演講的報導，想認識他。葉清來在中國大陸和泰國都有投資，但他一直提醒政府，產業沒有強項，去簽自由貿易協定（FTA）沒什麼用，使我想聽聽這位紡織業者的看法。

「是啊。政府一直沒有方向，也沒有模式，一直靠大陸不行。自由貿易就是要互相交換強項。韓國簽FTA，起碼他們有汽車、家用電子的強項走出去，我們有什麼呢？」葉清來很健談。聽了我的來意，就跟我說，「何況，以中國和韓國簽的FTA八大行業來說，最少我知道韓國開放紡織業是對他們不利的。這些我們政府都準備好了嗎？」

葉清來認爲我們的政府和產業距離太遠，根本不了解狀況。最近他去演講，一位政府官員看了他，冒出一句：「台灣的布還能做啊？」

「當然能做。台灣的功能布佔了全球七成市場。全美國賣的瑜伽衣，每十件裡有八件是使用台灣布料。全世界的消防隊防火布料，百分之五十是來自台灣。」葉清來跟我說。

不是早就說紡織業是夕陽工業嗎？我問他。

「是啊，我都聽了幾十年了。可是我們不但能活下來，還可以不斷升級。要升級，就是得不

葉清來相信：要裡面涼快，先得外面涼快。因此在宏遠的廠區，廣種林木，大樓外爬滿了藤蔓。（何經泰攝影）

斷地把自己的產品和服務高價值化。」接著他跟我講了許多升級的理念和實踐方法。

聽他一路說著的當兒，我對他講的台南工廠特別留意。紡織業耗電耗水，但是葉清來說他讀了兩百本有關環保的書之後，環保成了他的信仰。所以他台南的廠區都不用冷氣，一年光電費就可以節省六千萬元。

那就去親自見識一下吧。我相信一家企業能用新的思維和方法來使用能源，在其他面向一定也有特別之處。但沒想到，去走那一趟竟然能找到其他一些有關台灣製造業問題的答案。

我是在八月初去的。那天豔陽高照，工廠外的氣溫是三十三度，但是總面積八千坪的織布廠，沒有冷氣，室內只有二十七度，真的很涼爽。染色廠也是。紡織業的染色廠，一般都說是三K：又濕又熱又髒。但是宏遠總共佔地一萬坪的染色廠，沒有冷氣，卻通風良好，葉清來特別拉過來一名工人，「你看，他身上的衣服是乾的。」

葉清來說，他的觀念是深受《追求自我的生態學》這本書所影響：「要室內舒服，先得室外舒服。」所以他的廠區能做到這些事是基於：

廣種林木。「一棵大喬木，可以有相當於十噸冷氣機的效果。」

廠房裡善用煙囪效應，該封閉的地方封閉，該打開的地方打開，讓空氣產生對流（如染色廠），

由煤渣做成的磚鋪地，可以吸收熱氣。（何經泰攝影）

或順流（如織布廠）的效果。

在空氣入流的地方，裝設「水簾」，利用風扇的負壓通風，使空氣涼爽，吹向其他地方。使用很簡單、低成本但實用的材料，貼在機器的外表隔熱、保溫，讓設備內部熱，外部涼。不製造垃圾外運。十噸的煤炭加一噸污泥一起燒，煤渣做成煤磚鋪地，還可以當綠建材外賣。廠區裡除了兩條主道路是柏油路之外，全是這種自製的煤磚路面。柏油路反射的熱度高達六十五度，而這種煤磚路面不但透水還可以積一些水，積水沉到底層鋪的沙子裡，在熱天化爲水氣的時候就可以吸收周圍的熱氣，讓空氣涼爽。

最難得的是，葉清來做到這些，都不是花費巨資聘請什麼顧問公司，或購買多麼先進但昂貴的機器，而都是利用他所謂的「低垂的果實」，也就是隨處可見、唾手可得的材料和方法。

所以，不論葉清來本人，或是他的廠區，表面上看起來都很平常，但是他們在做的事情卻一點也不平常。

很多人在催促政府協助產業升級，但是葉清來認爲根本不能指望政府。他認爲只能倚靠兩件事情：企業追求自己產品和服務的高價值化，以及同業的互相協助，形成共生共榮的生態系統。

「要追求自己的產品和服務高價值化，首先得知彼知己。」葉清來說，「韓國是我們的競爭

宏遠使傳統又濕又熱又髒的工廠，保持涼爽與乾淨。（何經泰攝影）

在空氣入流的地方裝設「水簾」，利用風扇的負壓通風，使空氣涼爽，吹向其他地方。（何經泰攝影）

對手。但是仔細比較一下，就知道國際上的客戶對中國大陸並不放心，而韓國人有一種傲氣，只有台灣願意做眞正的 Servant。」

而即使是身爲製造業者，葉清來也深刻體會到在創造高價値化的時候，要服務多於產品。所以他們公司去見客戶的時候，都是一組兩個人，R&D 加業務。

最近宏遠也在推動工業4.0。在這件事情上，葉清來也和他實踐環保理念一樣，劍及履及。一方面他特別去買了德文版的工業4.0的書，找人譯成英文研讀，另一方面他著手從多方面建造虛實合一的智能工廠。而再一次，「我還是覺得對台灣的企業，尤其是小企業來說，應該善用低垂的果實。」葉清來說，「自動化加雲端 Connect，就是一個例子。」

我問他台灣製造業過於重視量化生產，有可能錯過開放硬件這種需要少量多樣生產的問題。「我們升級到工業4.0，這個問題也就可以解決了。」葉清來說。

「台灣的製造業在海外生產的比例平均是百分之五十三，宏遠是百分之三十五。我們希望大家多投資台灣，當轉型升級，尤其工業4.0的時候正需要。」他又加了一句。

在台灣經濟因爲製造業這一棒跑得太久而造成的沉悶中，葉清來讓我們看到一些不同於一般的畫面。

包括雷亞與活動通兩家公司，都是林大涵幫我介紹的。

林大涵，則是我在一天半夜裡認識的。那晚我經由一個叫ET的朋友介紹寫信給他，很快地收到回音：他們公司的案子已經爆滿，這個星期本來已經決定先不接新案，但看了我講的事情覺得很有趣，不能不談。

林大涵讀師大附中要直升高中的時候，因為拿了扶輪社獎學金就辦休學，去日本讀書。本來就要一直留在那裡，但在SARS的時候出不了國而又留下。

大涵在二〇一四年創立的公司，中文叫「貝殼放大」，英文是Backer-Founder，顧名思義，是幫創業者提供產品開發及行銷的協助，也幫忙做群眾集資。他之前在國內另一家群眾集資公司工作，因為和上司對自己工作表現的評價不一，就離開自行創業。看他在一份對外演講的簡報檔上留了一頁他上司最後一封電郵的內容，我問他為什麼。

「很勵志啊。」大涵說。

現在，他在松江路的一個巷子裡，有個自己的王國。不但做國內的，也做國際的集資行銷。他給我看一些他們協助成形的案子，從概念到視覺，確實是國際的水準。

大涵說話速度快，問他什麼事情，都可以毫不眨眼就扔出一個又一個的答案給你。不管是問怎麼做集資，怎麼發想產品，怎麼分析產業與企業策略，或者艾西莫夫的科幻小說。

有天我問他怎麼分析台灣年輕人的構成。這個還差兩年滿三十歲的人不假思索地給了我數字：「要廢的佔百分之七十，沒有任何表示的佔百分之二十，父母培養的優等生佔百分之八，眞正自己在想什麼的佔百分之二。」

這一陣子我看到的年輕創業者都有一個共同的特質：他們都聰明又忙碌，但是都在忙碌中保持著對參與社會的高度注意與熱情，並且找到平衡。

譬如，有一天他跟我說，他要幫童年看過的一套經典性的小百科做電子書版。

又有一天，我問起他在幫別人實現什麼夢想，他就說是在幫一個民間發射火箭的計畫集資。

這樣我又認識了吳宗信。

◎

在一個大家都不指望政府的時候，如果要找一個例子來說明有人敢於和過去不同，那我會講最後這一個團隊。

發射火箭，是許多國家都以傾國之力來發展的項目。而台灣，有一個民間團體的雜牌軍，卻在政府做不下去之後，要把火箭發射進太空。

吳宗信，交大機械工程系教授，之所以會研發火箭，緣起於二〇〇五年台灣從美國請回陳彥升博士主持一個衛星入軌計畫。這個計畫有五年大約二十億的預算，預定運送兩顆由成功大學與淡江大學製作的微衛星（都在二十至三十公斤），進入地表五百八十公里處的軌道。預算金額和他國相比雖然可說微不足道，但是對台灣的航太工業卻是意義非凡。衛星載具（四節固態燃料火箭）由國家太空中心提出相關技術規格；中山科學院負責執行設計、製作與試飛；吳宗信則帶領一組大約十名大學教授組成的研發團隊，負責中科院相關火箭設計與測試資料的模擬與分析，提供太空中心參考與諮詢。

「可惜這個計畫在二〇〇八年停止。」吳宗信說，「有人說可能和台灣的政權移轉有關係，但詳情不明。」

他說可惜的原因，是因爲這件事情如果可以實現，「會像一九五七年蘇聯把衛星 Sputnik 送入軌道

吳宗信的團隊只能克難地在林野間找地方測試火箭推力 。深具台灣特色。（圖片來源：前瞻火箭研究中心〔ARRC〕提供）

的影響一樣，我覺得對自己前途未定、心情紛擾的台灣人來說，可以振奮人心，提升自信。」

所以，當國家停止計畫，編制解散的時候，吳宗信和另外三位教授卻不肯退，要自己接續研發火箭。這三位教授是北科大的林信標、屏東科技大學的胡惠文及成功大學的何明字。他們之前就認識，這時對照一下彼此的長項，發現各自在航電、遙測、推進加上火箭結構研究的專長，剛好架構成打造一枚完整探空火箭所需要的子系統。於是，他們再加上海洋大學的黃俊誠，銘傳大學的余仁朋兩位教授，在朋友與企界的贊助下成立一個跨校的前瞻火箭中心（Advanced Rocket Research Center，以下簡稱ARRC），自己帶領學生走上一條很奇異的道路。

在自己的國家單位不願意協助，其他國家更不會分享相關數據的情況下，他們一路帶著學生土法煉鋼，甚至有些時候靠著YouTube影片，把理論一步步轉化為實際的系統。

曾經為《商業周刊》寫過一篇報導的劉致昕，描述二〇一四年他們第二十一次試射火箭的場景，可以讓沒去現場的人也感受到那種台灣特有的生命力。在一旁有著賣香腸、賣風箏、玩彈珠台的攤販前：

〔ARRC〕團隊成員就在彈塗魚、螃蟹、寄居蟹和堤防上排排站的群眾圍觀下，由蚵農帶路一路駛向濕地中央，「這裡最硬了啦！」蚵農叼著煙說，腳下是一車一車的蚵仔殼堆起的「發射台」，比人還高的火箭，過去就是從這裡飛向高空……

「咻！」的一聲，彷彿一條橘色的龍拉起一串白煙，從屏東衝向了太平洋上空……

ARRC是在二〇一〇年成功試射了第一枚火箭。之後的二十次，繼續在嘗試錯誤中逐漸把火箭的體積推進到越來越大，進入越來越高的空中。第二十一次，是讓長六點三五公尺、直徑零點四公尺、重三百公斤的 HTTP-3S 探空火箭飛了足足有十幾公里。

這個過程裡，土法煉鋼的吳宗信和他的團隊有個傲人的成就。

火箭的推進燃料，分固體、液態，以及混合式三種。世界各火箭強國用的多是前兩種燃料，吳宗信他們研發混合式的著眼點，主要是它的研發與製作成本不到液態燃料火箭引擎的十分之一；這樣火箭整體成本也是其他型態火箭的五分之一到四分之一。近年來，歐美許多大型企業也在競相加入太空俱樂部。而看到他們現在做出來的成果，現任維京銀河號技術顧問、史丹佛大學顧問教授卡拉貝佑古（Arif Karabeyoglu）說：「ARRC的技術突破已是該領域高度領先的地位，是混合燃料火箭推進科技發展很重要的一步。」美國航空與航太協會委員陳彥升則認爲，在各國使用同類型混合式火箭引擎的團隊中，ARRC已經超越維京集團 SpaceShipTwo 的技術，「是國際上（學術界及工業界）最好的成果！」

做出這些成績花了多少錢？七年總共七千多萬元。錢都是申請各種補助，找人贊助，甚至私人借貸來的。和世界各國發展太空事業所花的錢比起來，他們眞的是零頭的零頭。

能做出這種近乎奇蹟的事，不能不提一下台灣特有的產業情境。

爲了能夠克難做出火箭的零組件，他們在全台灣各地尋覓適合的廠商。這個奔波過程不但辛苦還不斷碰壁，但是逐漸地有所改善，也遇到眞情相助。

只是吳宗信他們也有一個驚人的發現。「在和許多台灣民間精密機械公司的合作或接觸過程中，發現他們的工業能力相當強，其實是可以達到美國航太工業所要求的水準，只是他們創造的產值卻有天壤之別。」吳宗信說，「也因爲他們沒有發展自我系統、品牌，只知接單、代工，所以只懂得模仿、複製，但是卻沒有『設計、測試、模擬』的能力，這就等於有技術，卻不會用。」

這樣，當這些需要開發系統的學術人士和這些充滿經驗與技術的人相遇，就起了化學作用。

二〇〇〇年成功發射第一枚混合式火箭後，有家瑞領科技的老闆李芳壽來找他們。李芳壽長年和許多學校產學合作，看過太多計畫都只是爲了考績、申請經費，而他從ARRC身上看到少有的膽識，所以主動說要加入團隊。

而他們的合作，解決了一項相當關鍵的技術布局：大型碳纖維五軸自動纏繞機。「同等級的機器如果從美國進口，要超過兩千萬台幣，而且他們有出口管制，就算有錢也未必買得到。但是李老闆的公司竟然在短短的一年內，就用極低的幾百萬元價格，把一台機器從設計、製作到測試完成後，移交使用。」

這個台灣民間要發射火箭的事情，可以說得很複雜，也可以很簡單。

「這就是一些中年大叔的夢，想帶領一群年輕朋友，一起爲自己國家的產業打開一個新天地的夢。」吳宗信說，「航太產業人均產值是半導體業的二到三倍。但台灣企業界百分之九十九點九的人對這一塊的想像是堵塞的。只要打開這一塊，台灣就能見到新天地。」

這些中年大叔的夢，是接下來再籌一千六百萬元，預定在二〇一六年初發射一個大型，兩節混合式探空火箭到一百公里高空進行科學實驗。同時，再花四到五年時間，募集七到十億，平均每年兩億，以便把幾十公斤的衛星送入軌道。利用混合式火箭技術可以大幅降低發射成本，以後可以進行重量不到一百公斤、成本也低的微衛星、奈衛星的發射，創造未來LEO（Low Earth Orbit，低地面軌道）微、奈米衛星星群的商機。

台灣人可以敢於和過去不同，敢於開創新的未來，這眞是一個最好的例子。

當政府放棄了之後，台灣的民間讓火箭升空。這不只是一群中年大叔帶著學生追夢的故事，也是企圖追求台灣產業升級的故事。（圖片來源：前瞻火箭研究中心〔ARRC〕提供）

年輕的公民行動風起雲湧

台灣的年輕人正以數倍於過去的人數，投身公民行動。他們走向政治、教育、海洋、環保、偏鄉，還有國家安全。

今天，如果說台灣有眾多年輕人以他們特有的創意思考投入新經濟活動，那麼以巨大的熱情投入社會運動和公民行動的年輕人，就更多了。在我寫這本書的過程中所感受到的，可以用風起雲湧來形容。

◎

我和張卉君約在花蓮車站見面的那個早上，她不必去做鯨豚觀賞的解說。雖然她是黑潮文教基金會的執行長，還是要經常支援同事出海。
卉君讀的是成大中文和台灣文學研究所。大學畢業的暑假，因爲想認識花蓮和海洋，加入黑潮擔任志工，結下了緣分。畢業後她曾「浪居」（她自己的用詞）雲南大理，也曾多次背包走訪內蒙古、哈爾濱、北京等城市。
「滿了三十歲，受到海洋的召喚，我就又回到這裡了。」說話時，她的笑容很甜，很陽光。
之前我只見過她一面，看她寄來的信經常是在奔波台灣各地的路上寫的，就知道她很忙碌。但是在花蓮和她見面的那兩天，讓我更近距離地了解她在忙些什麼。

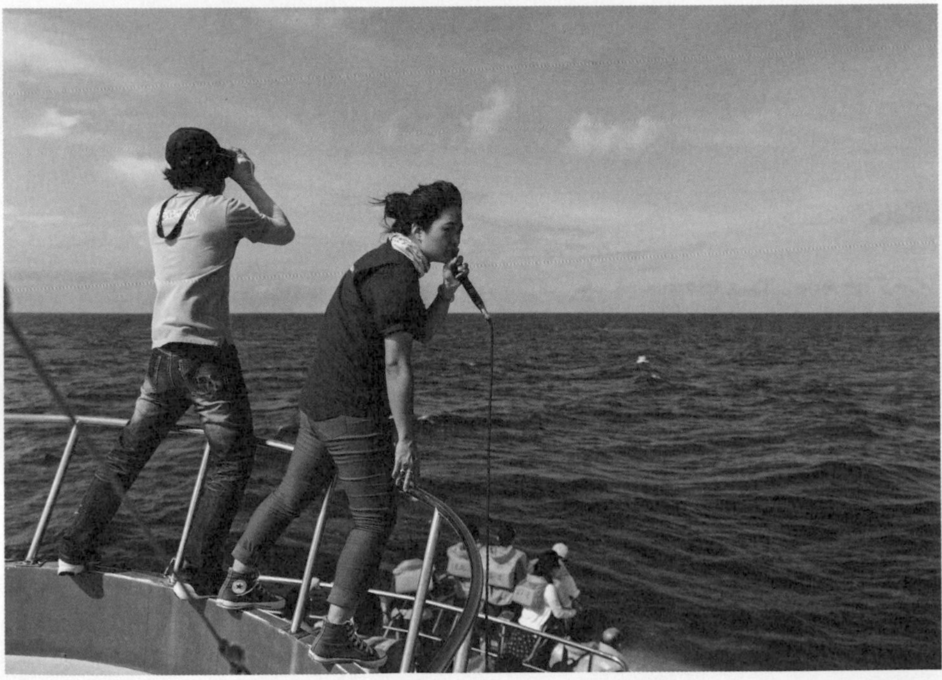
海上的張卉君（右）。（林靜怡攝影）

她要了解海洋文化，思索太平洋溫暖的黑潮和台灣的地緣關係，並且探究台灣的海域問題，把看到的污染、滅絕性漁法、海岸過度開發的種種（消波塊加人工築港）攤開來提醒大家。

她要研究海洋動物權。這是由注意人權而動物權，從陸上動物而海洋動物，海洋動物裡先海岸動物再海域動物的順序進程。也因爲研究海洋動物權，她五月去倫敦開一個相關的國際研討會。

爲了傳播他們所研究的知識，也爲了增加基金會的收入，他們舉辦兩種活動：第一，鼓勵大家來花蓮 Long Stay 體驗海洋生活；第二，舉辦海上觀察鯨豚活動的解說。她要培訓鯨豚觀察解說員。人手不夠的時候就自己出海。

她要積極和全台灣其他地方的公民行動連結。以高雄爲總部的地球公民基金會，就是她經常聯絡的。她覺得這個組織的宗旨和作法都很値得師法，特別向我推介。

她說花蓮是個很保守的地方，「公民組織的存在很刺眼」，但就是要不斷地刺激。所以她要再結合當地其他關心各種議題的人，持續站在政府的對面發言，舉辦活動。「譬如國發會的花東發展條例出爐，大家就都一起上戰場。」她說。

當然，她也要和花蓮當地的文創工作者一起聚會、聊天。

我問她參與這麼多事務的心情。

卉君很會說話，可以很簡短也很傳神地表達她的意思。

「過去，人民是被逼上梁山。現在，我們是被逼當公民。」她這麼說，「越來越多人不相信政府，越來越多人不相信政治人物，連拜託立委也不需要。在議題上，每個人都是守門人，每個人都不能缺席。」

然後，卉君笑了一下：「你不覺得嗎？發現自己正好站在戰場上，這種感覺眞好！」

◎

張良伊，則讓我對到底有多少年輕人參與今天的公民行動有了量化的概念。

良伊大學讀清大生命科學，研究所讀解剖，畢業後如果在醫院工作，起薪拿三十五到三十八K沒有問題。可是他走了另一條路。

二〇〇九年張良伊聽了一場有關氣候變遷的演講後，去了哥本哈根參加研討會。除了他自己的清大團有九個人之外，還意外地碰上另外三個台灣去的團，其中包括台大團和政大團。

回來後，他和團員保持聯絡，持續到二〇一二年，就登記了一個社團法人「台灣青年氣候聯盟」。

之後，張良伊參加過四次聯合國開的和氣候變遷相關的會，分別是在哥本哈根、墨西哥、卡達和華沙。出席的過程中，認識了一個在國際環保組織 350.org 工作的香港女孩。因爲她要離職，就問他有沒有興趣接手。

350.org 是個全球性關注、改善氣候變化的NGO，主要工作有兩個重點：一，遊說投資者不要投資那些不利於氣候變化的行業；二，找綠色贊助。

這是一個有薪水的專職工作。良伊通過了面試，成爲一員。而他拿名片給我的時候，上頭寫著 East Asia Coordinator。他們在越南、菲律賓、泰國、日本各地都有當地代表，而良伊除了是台灣的代表之外，還要負責東亞除了以上五個地區以外所有國家的聯絡事務。

台灣青年氣候聯盟的工作，他也繼續在做。除了在四所大學設立社團、辦夏令營之外，還會針對每年特別的主題舉辦活動。譬如，二〇一五年，他們就特別呼應聯合國的減碳呼籲；另外，針對明年大選，他也參加台大學生會發起的監督政黨候選人的活動。

「我們沒有辦公室。」他說，「我的工作地點就是咖啡館，和有網路可上的地方。」可問問他們的部門，秘書、政策研究、教育推廣、國際、籌募等等，一應俱全。他們每周有三、五十人分成三組，用 Skype 開會。

張良伊有著像張卉君，以及其他這一代加入公民行動的人的同樣特質：內斂的熱情、清晰的條理，以及能清楚說明的表達能力。

他也告訴我，三一八之後，大量的年輕人站出來投身公民行動。

我問他能不能告訴我，和他二〇〇九年剛開始公民行動的時候有什麼不同。

「很大的不同。」他說。接著算了一筆帳給我聽。

二〇〇九年那二十五個去哥本哈根的人，兩年後眞要行動的時候，出來的人只有兩個。但是去年三一八之後，他看到的是二十五個人裡面會有超過一半的人眞正現身行動。這是過去六倍的概念了。

「雖然有些人還是不敢拿下氧氣罩，但是願意出來的人大幅成長。」張良伊說。

張良伊還特別指出：即使是參加公民行動，年輕人還是和上一輩的人有溝通問

張良伊。（何經泰攝影）

題。有一些上一代的NGO，還是有政黨色彩，所以有些年輕人進去後會不適應，只得不斷轉換工作，遊走小框架。

「整體來說，今天熱心投入公民行動的年輕人，遠多過可以提供給他們的機會，」張良伊說，「並且，也欠缺可以帶引他們，傳遞經驗的人。」

我們第一次見面的隔天，張良伊又要出國去參加一個國際會議。他和張卉君同樣忙碌。

「剛開始，我父母根本不知道我到底在做什麼。」他笑笑說，「現在他們應該還是搞不清楚。但是他們看我工作的方式，應該說是放心了。」

◎

因爲張良伊的介紹，我見了三位台大學生：當時的台大學生會副會長范庭甄，以及另兩位同學陳軍鈞和黃靖原。

當時他們正在設法組成一個跨校的「好國好民」平台，討論青年人關心的議題，也趁著明年大選的熱度，和總統候選人對談能源、教育、性別和居住的政策。

「三一八之前，已經感覺到公權力的壓迫。對政府所謂『依法行政』及『重大決策』的過程感到懷疑。」讀工商管理的范庭甄說，「政府大部分資訊不公開，如服貿、食安等，只能靠民間自己來尋找，根本不知道實況。」而就他們年輕人來說，特別感到很多四、五十歲以上的人，因爲同樣的生活習性，再加上接收資訊的管道有限，所以還會以爲政府都是對的。「因此我們想用最小的成本來達到溝通。」

陳軍鈞認爲大家練習溝通的重要性在於：「很多人其實是假中立，根本聽不進別人的。說要溝通，其實都是有成見，只是想說服別人。結果美其名是辦公聽會，卻都只找和自己立場相同的人。」

如果大人搞不懂爲什麼今天的年輕人熱中於上街頭，不妨聽聽軍鈞怎麼說。

「我們覺得現在的政治文化難以撼動。有些人覺得進了體制內就會被影響，所以寧可未來大家街頭見。覺得街頭更多衝撞，才能使人注意到其不合理。如此反而成本最小。」他說，「不過我相信等我們三十歲時，這個社會會往好的方向改變。我們要警惕自己不要成爲現在的大人。」

那天他們還很坦白地講了許多年輕人的心事：

- 社會一重視什麼東西，就考試。一考試，我們就排斥。考完即丟。
- 他們一直被要求考試，而不是思考、探索。而考試要求的是不出錯，所以就不敢犯錯。
- 結果他們連照顧自己的能力、和別人相處的能力，以及運動的能力，都是進了大學才開始。
- 大學要畢業了，才一下子驚覺自己的探索還不夠，所以有人去讀研究所。但普遍只是讀書，還是無法探索。因此十個要讀MBA的人裡頭，有六個不知道爲什麼要讀。

● 對於未來，他們相信關心公共事務可以和工作並行，並相信長期下去可以產生改變。

最後，很意外地，從他們那裡，我得知對岸在太陽花學運之後，說要重視台灣的「三中一青」（中南部、中小企業、中下階層、青年族群），對「一青」這一塊是多麼的積極。

「兩岸許多學生與學生的交流。課外活動組會來徵詢，校外也很多。幾乎是無時無刻沒有。只要花機票。還有兩岸交流經費可以申請，所以可以說是免費。」他們說。

我問他們：「無時無刻？」

他們三個人都點點頭：「眞的是無時無刻。」

以庭甄來說，她是今年寒假第一次去中國大陸。四個同學，五天四夜，完全免費。對岸的邀請單位是「上海台灣研究會」。也就在這次去參訪的過程中，他們聽到對方人員極爲坦白地明講「服貿就是爲了統一大業」，對照之下，他們反而覺得自己家裡的官員老說是商業活動的虛僞。

「他們連爲什麼每次意外發生，媒體上公布的死亡人數絕不超過三十五人，都坦白地講，也承認自己的法治尚有不足之處。」庭甄說，「甚至連聽他們談『統一』都和我們這邊的人講的不一樣。他們會說統一沒那麼急，但因爲南海問題等等，擔心台灣倒向美國，才不能鬆口。」

◎

呂家華參加學生運動則是更資深一些。

兩年前在立法院外抗議黑箱服貿的學生約我見面的時候，就是她跟我聯絡的。那天沒見成，倒是在兩年後因爲我想了解憲動盟在做的事情，聽到了這個耳熟的名字，就約了她見面。

南非曼德拉當選總統後，曾經巡迴全國兩年，舉辦兩千多場公聽會，讓全民參與制憲，是憲法工程的一個典範。憲動盟由民間多個NGO組成，也是希望讓全民了解憲法和自己的關係，推動兩階段全面修憲。呂家華協助東吳大學的陳俊宏教授在全台巡迴舉辦二十多場論壇，並培訓了四百多名將來可以再到各地舉辦說明會的人員。

我們見面的時候，呂家華已經離開了憲動盟，很忙碌地爲各方提供如何進行「開放」、「參與」式工作的顧問。

她跟我說，三一八之後，「開放」、「參與」式工作蔚爲風潮。不論公部門或民間企業，很多單位或主動或被動地開始，但普遍還缺少民主參與的想像。

「我發現公部門行動起來比民間更快。民間團體會說不要什麼，但講不出要什麼。」呂家華說，「公部門反而會，並且資源多，找得到人。」現在台北、台中、台南都要做開放政府；台北、新北、台中都要做參與式預算。甚至連中鋼也來找，說是有些與民間溝通的活動，想做新的嘗試。

呂家華的能量，也顯示在她的人脈上。說著話，她很快地丟出許多領域裡正在用新方法工作的人名給我。從南到北，從食材的配銷到選舉制度和環保的研究，給了我未來再繼續探索這個社會的線索。

◎

訪談年輕人的過程裡，「關鍵評論」網站也給了我不少線索。

這個網路媒體有自己的特色，除了有跨香港的版本外，挑選的新聞也和台灣一般新聞網站有所區隔。尤其他們今年做了一個「未來大人物」的活動，選了一些在各行各業正在嶄露頭角的年輕人，辦了很受注目的研討會。

我和他們的創辦人也是總編輯、本人也很年輕的楊士範見面，喝了個下午茶。英文名字是Mario（不知是否源於我最愛的那款電玩）的他，談他過去的經歷，以及為什麼要做這個網路媒體，思路十分清晰，對在台灣辦這樣一個媒體的風險與價值，也很清楚。

我問他看到現在台灣年輕人參與較多的是哪個領域。

「最多的是教育。」他說。也因此，在他介紹下我見了劉安婷和呂冠緯。

◎

劉安婷在普林斯頓研讀教育政策，畢業後在美國工作了一年才回台灣，一回來就辦了「Teach for Taiwan」。呂冠緯則是台大醫學系，畢業後加入誠致教育基金會，進行均一教育平台的內容開發。

兩人工作不同的地方是，安婷做線下，實體的教育；冠緯做線上，網路的教育。相同的是，兩人工作的首要目標都是關懷弱勢。

Teach for Taiwan 關注的弱勢，在偏遠地區。「台東因為有花東發展條例，以及不少社會關注，近幾年有不少社會資源投入。相對而言，西南部的資源就較少。並且，隔代教養、外籍配偶、單親等家庭所普遍面臨的困境，造成大人時常在孩子的成長中缺席，也衝擊到孩子的成長。」劉安婷說。

她看到這些偏遠地區的學校，都有師資不足的問題，每個老師都要一半時間教學，一半時間行政，還要準備一堆評鑑報告。此外，專業的補救教學也不足。而學校為了避免被裁併，要發展一些所謂的特色，譬如扯鈴加太鼓。但學生本來學習就不夠，再加上這些負擔就太大了，學習成效自然不彰。

因此 Teach for Taiwan 在做的事情有兩個方面：一個方面是為這些偏遠地區師資不足的學校提供他們派遣的老師；另一個方面是透過選擇、訓練派遣老師，培育社會未來的人才，長期在各領域對「教育不平等」的議題發揮影響力。

劉安婷是個雖然在說話，都會讓你覺得很安靜的人。但她想做的事情，卻不安靜。選派去的老師，對學校來說，她不只是要讓當地的校長同意，也期許自己不要只當人力公司，而是對學校和社區產生改變。「學生需要長時間的陪伴。他們最需求的不是捐助物資，有時補助太多物資，反而會造成價值觀的偏差。有志工當然好，但是志工來來去去，也有傷害。」她說。所以他們派下去的老師，都至少要做兩年。因爲下去的時間較久，所以也採取三到五個人的小部隊加支持網路的策略，包括原來在地的老師。

他們訓練老師，更是有一套標準和方法。目前，經過兩年，Teach for Taiwan 總共派出了二十九位老師到台南、台東、雲林、屏東四個地區的二十間學校。「但我們的支持網絡並不是用人數計算，包括線上督導、一對一督導、培訓講師、後勤人員等。」劉安婷說，「還包括在全台灣辦過十場 Teach for Taiwan 之友會，累積超過三千位參與者。」

Teach for Taiwan 是師法美國的 Teach for America，劉安婷說著美國的經驗，可以看出她的企圖與方向：「在美國，累積了超過四萬名各界領袖，其中六成五在教育界，其他三成五在政界、企業界、學界等。」

均一，是參考可汗學院而成立的。「但是東西方教育環境差很大。可汗注重的是學生本身，以及一部分家長，老師不是重點。可汗想的比較多是如何普及，而不是老師如何使用。」呂冠緯說，「但是均一會更加重視老師的角色，因爲我們優先關懷弱勢，而弱勢的學習一定要靠老師。」

所以均一平台的課程，首先是幫老師把弱勢學生從補救教學班裡撈出來。「所以我們課程會先從關懷弱勢的角度出發。」

呂冠緯說，「所謂注意，是讓大家都能學到一定的東西。」而他最得意的成績是：曾經有一個補救教學班十三個人上過後，有十二個人不用再上。

也由於網路的特質，使得均一可以不只爲弱勢學生所用。老師可以用在課外的輔導，也可以在課堂上適當地使用。「二十年教改，沒改的是老師。過去一年，我們就是在累積老師的能量。」他說。

均一要做的事，顯然不只這些。就知識本身而言，科技加上適當的遊戲化內容，可以有很大的效果。「一個八歲小孩，看了我們高中的生物課程之後，自己就做了簡報檔。」冠緯說，「未來的教育，應該有更多的傳道與解惑，而不僅僅是授業！」

我問他下個階段的目標是什麼。

他也和劉安婷一樣，對自己要做的事情十分清楚。

「現在我們每個星期的使用者是兩萬人。目標是每周十萬。」十萬人佔全台灣兩百萬名中小學學生的百分之五。「也就是說，每班二十人裡面就有一個人比較頻繁的使用均一，這時我們就可以試著跟可汗談談合作的可能。」

我好奇地問他爲什麼要和可汗合作。

「可汗如果要進軍中國大陸，台灣會是一個適合的橋梁，因此可能會需要我們。」他說，「有人抱怨台灣在市場上不大不小，很尷尬；但在教育領域裡，我認爲換個角度想，台灣夠大也夠小。以華語市場而言，我們比新加坡、香港大，有一定程度可以來測試產品能否規模化；比中國大陸小，要評估產品對不同地區、不同族群、不同群體的效用都很方便，不用東奔西跑。」

他停了一下，又說，「而我們希望和可汗合作，是希望走上世界舞台，找到志同道合的資源。找到不是資本家，而是大慈善家的機會，也讓台灣的孩子有機會在這個平台上和其他地方的孩子交流。台灣的老師也有機會和其他地方的老師交流。」

◎

談到教育改革，我不能不去請教唐光華。

這位資深的媒體人，近二十年來先後參與中小學另類教育與在家自學教育，對中小學階段的多元教育有許多不同於主流的主張。

他先談了他所看到的黑暗。

「看到十二年國教並未減少學生的考試與升學壓力，父母更焦慮。而二十年前第一波民間教改重視的『快樂學習』與『自主學習』的信念不見了，改爲重視『提升競爭力』。」唐光華說，「現在許多家長對公立學校沒信心，轉而選擇私立學校，因爲會篩選學生，更是升學與考試掛帥。結果爲了上私立中學，小學五年級就要補習。」

但是他也看到光明。

「特別是近一年來，各種翻轉教育大量出現。我看到『非學校型態實驗教育』的蓬勃發展。」他說。目前全台灣已經有四千個家庭做自學，小學最多，國中次之，高中再次。而這些年經過家長和立法院的教育委員會，以及教育部的努力，通過了實驗教育三法，目前台灣在自學教育的法令已經是全亞洲最開放的。

各種自學的情況都有，「我甚至看過有家長去北京教書，孩子跟著去在家自學，學籍掛台灣地方一所小學，實際在北京上學。」更多家長到美國短期研究，孩子可以學籍掛在台灣的學校。制度的開放與彈性，未來能造就更多元的人才。

但是眞正令他感動的是，眞正體會到「如果保留給孩子足夠的時間和空間，讓他可以主動探索，孩子的潛力不可思量」。

這種潛力顯示在知識上，他看到一個小學二年級的孩子，沒有任何人教過他英文，可以用英文ppt簡報十幾分鐘；也有自己的兩名學生分別進了清華和東吳之後，可以合寫數學書。

此外，唐光華辦的各種實驗教學班裡，都由學生參與訂定生活公約與成立學生法庭。「就培養學生的自治、自律而言，效果非常好。尤其這種兒童與青少年的民主經驗在華人社會尤其珍貴。」他說。

近四年來，唐光華在全台各地帶領「青少年哲學俱樂部」，除了鼓勵學生課外閱讀與討論外，每次上課會討論許多人生問題，列出諸如金錢、榮譽、考試成績、親情等項目，請孩子列出他們覺得重要的順序來討論。

「我確實覺得，如果能導入『討論式教學』，最好學校班級人數在二十五人的範圍以內，可以解決教學的許多問題。」唐光華說，「像歷史課綱的問題，如果用『討論式教學』可以改善許多。」

而不論是什麼方法，他認爲最重要的是激起孩子自己對學習一樣事物的「熱愛」，因爲這種「熱愛」正好是目前教育系統裡很難產生，甚至遭到壓抑的。

◎

看過許多年輕人以他們的熱情和專業，投入社會的各個層面和角落，有一個年輕人不能不提。

吳怡農講話的音量很適中，笑容淺淺的，禮貌也剛好。走在路上，你會以爲他也是個很陽光的鄰家男孩。

但是從他平靜地告訴我的經歷中，可以知道他並不是那麼鄰家。

「我在金融業十年，主要爲高盛在亞洲投資，並管理旗下的資產。這些項目讓我跑遍亞太地區——蒙古、中國、紐澳、東南亞、印度等，也給了我機會從企業、經濟發展的角度觀察不同國家的制度、公共政策。」怡農說。

現在他回來，要爲台灣做點事情，於是做了一個很特別的網站：「壯闊台灣」。這是個以台灣的國家及國防安全爲主題的網站。雖然還是Beta版，但是一些文章的角度和深入，都令人印象深刻。

我因爲正看了一則和軍隊相關的新聞而感到好奇，就設法聯絡他，約了某天傍晚一見。

吳怡農實際去陸軍特戰部隊服了剛過一年的義務役，所以他對軍中犀利的觀察，眞讓我長了不少見識。我實在要設法控制自己，才能避免把他講給我聽的情況當作獵奇寫下來。

也因此，我後來更能體會他把自己的網站不論從內容，到視覺，都形成一種簡潔、深刻風格的用心。這不是一個軍事迷的網站，沒有聳人聽聞的消息，而只有一則則或是從主題帶出細節，或是從細節帶出主題的深度分析報導。

怡農說，他要做的事情是：

● 針對國防政策，包括外交，以及和台灣國家安全有關的國際新聞做解析，讓一般人有些基本認知。

●成爲討論國家安全議題的平台。

●希望國防政策更好。

而他寫在一篇文章裡的話，就是他的宗旨了：「無論對台灣的未來有什麼不同的期望，不論政治立場是藍還是綠，台灣的國防是大家共同的課題。」

現在說說我在見他之前看到感興趣的那一則新聞吧。

民進黨立委在立法院指出，中研院一個中國效應研究小組，持續做了多年民調，今年加了一題：「您贊不贊成台灣爲了增加軍事力量而恢復徵兵制度？」結果不但總數是贊成的以六〇．一%明顯勝過反對的三六．三%，細分各年齡層也都是大致如此（後來知道，連女性也是）。列席備詢的國防部官員回答，募兵制現在已「無法走回頭路」。國民黨立委則質疑是否民進黨執政後要恢復徵兵。

因爲這個調查結果和一般人認爲的情況差別很大，所以那天就問怡農他怎麼看這件事情。

他對這個調查知道很多，還告訴我清華大學在那份調查發表的前一個星期，舉辦過一場「台灣國防政策與軍事轉型」研討會。當天一位前國防部長問了在場的清華學生，假使中國對台灣用武，有誰願意冒著生命危險，扛起槍，在前線保衛國家。怡農在現場目測至少有八成的聽眾毫不猶豫地舉手。他還提醒我中研院的調查報告還有第二題，也要我看一下。那一題是：「您贊不贊成台灣爲了增加軍事力量而增加稅金？」面對這一題的回答，則不分年齡層或男女，都是反對的遠多過贊成的。

「你看出什麼意義？」我問他。

吳怡農覺得我們需要思考如何解讀這些現象：洪仲丘事件，十幾二十萬人上街頭抗議；符合資格的青年大都選擇替代役；募兵制招募不到願意成爲職業軍人的年輕人；政治人物認爲提當兵是義務就會落選；但是六、七成民眾似乎支持公民服義務役的原則，連清華的所謂菁英、高材生，都表示有保衛國家的意願。

「或許不是年輕人不愛國，或自私、不願爲家園犧牲。也許問題出在制度太差，浪費時間及生命，沒讓國民感覺到爲國家付出的這種義務有任何意義。而政治人物不知道怎麼推動改革，只好做出最便利的選擇，乾脆讓大多數人免役。」怡農說，「可是先別談公民義務的原則，及社會正義的考量，爲了讓多數人免役的募兵制需要財政來支撐。但中國效應研究小組民調的第二個題目顯示，民眾其實並不認同付錢了事。所以我們還是回到最關鍵的問題：制度怎麼改？又如何推動？」

這眞是個複雜的問題。不過，也正因爲這個題目如此複雜，所以想到那天傍晚在細雨中和一個年輕人分手，他安靜地繼續思考國家安全與國防安全的議題，繼續做如何壯闊台灣的研究，感到很溫暖。

第一道靈魂的試煉：財富

中國正以他們的財富，給了全世界試煉靈魂的題目。近距離的台灣，這場試煉尤其深刻。

Judy是一個我在花蓮認識的年輕人。

和這本書裡談到的很多年輕人不同，Judy沒有讀大學。她是台中人，因爲父母早逝，才來台北工作。她想學做西式甜點，於是進了一家餐廳，後來去花蓮，在那裡有機緣進入國賓飯店的關係企業做西點，然後又調回台北。

我見到Judy的時候，她正又離開台北回到花蓮，但是打算先去台南住一段時間。

我問她爲什麼。

「我自己一直在漂。但是對台南有一種感覺：那裡的人『根』性很強。每人都有一套自己的美食地圖。所以我想去看看是怎麼回事。」Judy 又加了一句：「我也想加強一下英文。可以順便去上成大的課。」

◎

這幾年，我一直在思考怎麼比較兩岸年輕人的不同，怎麼歸納彼此不同的特質。我找過各種不同的說法，都不是很滿意。我和 Judy 談話的那個早上，卻終於找到了。

中國大陸有一句話來形容他們的叢林生存法則：野蠻成長。野蠻成長是中國大陸許多年輕人以及企業人士掛在嘴邊的話。一個代表性的例子是阿里巴巴的馬雲。

我不是講馬雲從一個杭州的中學英文老師變身爲互聯網大亨的過程。我要說的是：當阿里巴巴在軟體銀行、雅虎等支持下壯大，以支付寶而形成超越銀行的工具和現金流之後，二〇一一年馬雲可以在沒有董事會決議的狀況下，就把支付寶劃歸自己另外成立的一家公司。不只雅虎曾經考慮要訴諸法律行動，北京的《財經》雜誌總編輯胡舒立爲此還撰文直指其不當。

這個事件，在三方協議，由獨立的支付寶公司支付阿里巴巴集團補償，以及保證未來上市時的現金回報作結。隨著時間過去；隨著阿里巴巴發展得更大，終於在紐約上市；隨著孫正義和雅虎都在這波上市中賺取了巨大的回報，馬雲當年的爭議就被人淡忘，而只剩下他成功的佳話了。

許多人羨慕中國大陸的經濟發展，羨慕他們企業家的魄力和策略，應該也注意一下他們在叢林生存法則之中野蠻成長的過程。

歸納起來，在中國大陸之所以需要野蠻成長，或者說野蠻成長之所以能大行其道，其根本原因，在於他們社會在人的基本權利上還有許多尚待發展的空間。你要在那個社會裡獲得基本的安全感，得一路過關斬將，不惜代價地成長，直到確認自己成爲人上人之後，才能比較確保有足夠的財富、人脈來保護自己。

這種特殊的社會環境，使得人不能不積極向上，努力奮鬥。而一旦能在十三億人口的競賽中脫穎而出，其出色非同小可。而一旦他們的經濟起飛，大量商業機會湧現，和這批出色人才互動出新的化學變化，也非同一般。人人因機會的湧現而乘風直上，乘風直上的人又會刺激、帶動、連結出新的機會。

但不論你的財富累積多少，不論你多麼人上人，在那叢林社會中總不免存在不安。對岸向外的巨大移民潮，正是在這種背景下產生的。

這也就是野蠻成長的環境與價值。

台灣不同。

幾十年來，歷經各種街頭運動、解嚴、政黨輪替，台灣把有關人的基本權利照顧到相當程度，可以說，最少基礎建設是完成了。

不只人權，動物權也被注意，動物權還被細分為陸地動物和海洋動物。而像張卉君做的，她的注意範圍已經細分成海岸動物與海域動物之別。

◎

在這個情況下，前幾年台灣年輕人之所以「小確幸」，而被某些年紀較大的人認為不夠進取，沒有志氣，但其實這些年紀比較大的人應該換一個角度來看：正是因為我們社會的基本人權已經完備了，所以我們的年輕人也少掉了必須踩在別人頭上成長的動機與需求。

我們的社會當然還是有巨大的財富分配不均，以及顯著的貧富差距。但差距再大，在人權的層面上，卻沒有差距。你年收入幾億和我年收入幾十萬，在社會上的一切權利都相同。我的收入再少，只要我能過好自己的生活，沒有任何權利是別人可以剝奪的。

所以，我從兩個角度看台灣的「小確幸」。

第一，小確幸可能是我們在經濟發展過程裡遮蓋了年輕人的希望，他們不得不的選擇；第二，也可能是因爲這個社會以及個人的權利穩定，使得台灣的年輕人不必有出人頭地的壓力。

相較於對岸許多年輕人必須爲尋找生存的機會而工作，台灣許多年輕人則是爲了思考生命的意義而工作，這無關於他的財富多寡。

我在和 Judy 談話的那個早上，看著陽光照在我們的沙發上，突然明白了這兩者之間的差異。

我在北京居住的時候，見過許多「北漂」。這些「漂」，多的是尋求生存機會，要在巨大的、尖銳的壓力下尋求生存機會。

Judy 卻不是。她在台灣城市之間移動，不是爲了求學，不是爲了生存，也不是爲了返鄉。她的漂，不同於我過去認識的台灣人，也完全不同於我在北京看到的北漂。

對岸的北漂，讓我更多地聯想到一種在風中的飄蕩。沒有根、沒有依靠，全靠自己努力找到一個比較好的落腳點。

而 Judy 的漂，卻像是在水上的漂。所以雖然她也不知道目的地，也是一路尋找比較好的落腳點，但是始終有道水流在托著她移動。

北漂，有飛揚與蕭瑟的聲音；Judy，則是一種安靜與自在。

◎

今天的兩岸，不論在血緣、文化上多麼一家親，但畢竟是兩個截然不同的社會。對岸是七不講的社會。所謂「七不講」，就是「普世價值不要講」、「新聞自由不要講」、「公民社會不要講」、「公民權利不要講」、「中國共產黨的歷史錯誤不要講」、「權貴資產階級不要講」、「司法獨立不要講」。甚至，記者報導了「七不講」都要被判刑七年。

相對地，台灣卻沒有什麼不能講。除了中國共產黨的歷史錯誤之外，其他六講每天都在講。也是這些講，催生了我看到的風起雲湧的年輕人的公民行動。

這兩種截然不同的社會體制，必然會培育出完全不同的面對機會、生存、成長的心態和方法。

對岸在過去二十年，尤其是近七年間，締造了可以說是人類歷史上前所未見的經濟發展奇蹟，也把國力提升到叱咤全球的層次。

我經常聽到人們在談到對岸種種的時候，流露出的羨慕、焦急、感嘆，甚至拿對岸來對比的時候，對自己的社會、政府、掌握資源的人、對未來沒有企圖心的年輕人有諸多不滿。

也有人相反。講到對岸，則完全不屑、厭惡，或者即使提起來也是不值一顧。

我們社會裡有急統與急獨之別。我覺得急統和急獨都是用哈哈鏡在看對岸。

急統像是凹鏡，把對岸扭曲到只剩下大的、美好的影像。急獨像是凸鏡，把對岸扭曲到只剩下小的、凶惡的影像。

但事實上，我們不該用凹鏡，也不該用凸鏡來看對岸。用凹鏡來過度美化對岸，可能連自己是誰都忘了。用凸鏡來過度妖魔化對岸，可能人家邀請我們的年輕人去個四五天的旅遊，就可以為他們「平反」。

我們需要用的是鏡子。一面能眞實反映對岸現實的平整鏡子，也是一面可以藉由兩岸的對照，而成為我們調整自己的鏡子。

◎

用統獨的議題來看兩岸，是把我們自己的機遇看得太小了。

中國經濟崛起後之於全世界的情況，是人類歷史前所未見的。

從沒有一個國家，如此懂得西方世界的經濟語言融入西方的自由市場，卻又和西方世界的許多基本價值觀如此不同。

從沒有一個國家，從政府到個人，挾如此巨大的財富，為世界各國所歡迎，卻又戒備。中國一家公司的員工旅遊到法國，其人數及可能的採購力，使法國外交部長親自接見老闆。帛琉因爲中國觀光客過多而決定減少班次，到目前爲止則是例外。

你到底要爲中國帶來的或預示的財富而折腰多少度，是全人類靈魂的試煉。台灣，距中國如此之近，和中國關係如此之密，這種試煉當然更大。今天，每個行業，我們都會看到有人說對岸是台灣唯一的希望，或者不與對岸來往台灣就看不到希望。甚至，我們政府都因爲經濟沒有出路，而指望起由對岸來拯救我們的經濟，把我們應有的安全考量都放在一邊。

也不只政府如此。大家都知道，台灣雖然降雨量豐富，卻正走向無水可用之境。但就在保護水源是如此重要課題之際，近年來爲了迎接陸客，「位於水源保護區的飯店開發案卻一個個送進環保署，反而在做破壞水源的事。有的甚至違反法令規定，就賭環評委員看不出來而能草草通過。」長期注意水資源問題的獨立記者朱淑娟如此寫道。

如果我們願意拿對岸當一面鏡子，那麼除了急著賺對岸的錢，更應該學習對岸在野蠻成長中呈現的企圖心與生命力。

活動通的謝耀輝，在那天和我談了四個小時之後，還寫信補充：

中國大陸幅員遼闊，每個地方的特色不太一樣。大家普遍都會在這邊感到步調節奏很快，例如北京是網路創業最發達的城市，這邊存在太多的應用天天都冒出來，而且每一種服務與生意都不會只有一家在做，這些競爭者還天天盯著每一家廠商，試圖學習並且超越對手，速度節奏絕對比台灣很多地方來得快，由於這邊要出線被關注到的機會太少，所以創業或者就業的人都非常急於在很短的時間內做出成果，也因此台灣人會覺得這裡的節奏並不是那麼「正常」。

他的意思是在對岸很多時候就是得先加足馬力做新的嘗試、想新的方法、實現新的可能，幾乎很難有時間思考，就是得先衝，因此公司步調節奏都很快。而回到台灣，則是慢慢把事情想清楚再做，因此有時候完成一件事情就要花到比對岸多一倍以上的時間。

「但商場上的競爭，有時候踩對點後比的就是速度。先機加上執行效率往往是勝出的關鍵，這也是爲什麼中國大陸在很短的時間內，從許多方面都能夠很快速地追上世界許多國家的原因。」謝耀輝繼續寫道，「台灣不能只看到他們山寨、抄襲的部分，應該看到這些大陸企業勇敢投資、快速更替、勇於創新、優化精進等等值得學習的一面。」

檢討一下，我們還會發現自己另外一些問題。

一位剛回國的年輕導演在前年籌拍了一個十二分鐘的短片，當年度得了許多獎。後來她在這個基礎上，寫了長片劇本，參加國際創投會議，希望可以募得拍攝長片的資金。

在這個過程裡，她見到了來自兩岸三地及海外其他地區的許多投資者。出乎意料地，真正理解她想要做什麼，以及明白故事價值的，幾乎都是來自香港和中國的投資者。

雖然因為她選擇的題材涉及台灣政治社會的轉變，對岸無法投資，但是他們都急著約她見面，或者馬上要買機票請她去北京替他們寫腳本。一位從電子業轉來要投資電影的中國老闆，為了投資電影，花了兩年時間，每天看五部電影做功課，所以彼此在溝通上沒有隔閡，並且會聽她說故事。

反而是台灣的投資者，最讓她沮喪失望。「我們有很多的創投，因為政府的政策，拿著國家的文創基金在進行投資。但是他們會問各種奇怪的問題。一聽就知道，這些人不會看、也看不懂劇本，平常可能連電影觀眾都不是。」這位新導演說，「但是他們會用投資電子業、醫療、銀行的思維，或是各種貌似科學的數據分析，去討論要不要投資一部電影。他們不關心故事的內容，只關心表面的數字。」

她說自己遇過最機車的例子，是一家半導體大廠設的創投基金副總。「他跟我侃侃而談兩個小時，都在講他對電影的喜好與理解，以及他個人淵博興趣的展現。」然後那位副總說：「我相信妳的電影會成功，但是，你們電影就算票房成功，最多賺六倍，這很多吧。我們投資其他行業例如電子業，十個案例就算失敗九個，我們卻可能因爲一個案子的成功，而賺上三十倍。所以，我們對於一部電影沒有興趣。如果妳成立了類似優酷網的公司，我們就會考慮加入。」

這位新導演下了個結論：「我不知道，那他一直邀我去喝咖啡的用意是什麼。是因爲這樣，他就可以跟政府報告，他曾經試圖了解、企圖投資文創產業嗎？」

我們也要注意自己經濟發展中過於注重接單、代工的思維，產生了多大的後遺症。我在訪談的過程裡，聽到許多人都感受到台灣社會形成一種不但不鼓勵自有品牌，還打壓自己品牌的現象。最早，我是有一天和陳季敏與郭英聲喝茶聽到的。他們談自己開發的服飾品牌 Jamei Chen 所投入的心力，陳季敏說道，「外國服飾品牌的活動新聞，在電視上播出沒問題，但是我們自己國內的品牌就得馬賽克處理，說是不能置入性行銷。」

後來我從訪談過的許多人那裡都聽來同樣的感觸。

鄭國威說，「網路新聞可以說是 YouTube 如何如何，但是不能說台灣的某個網站名。」

林思吾也表示了類似的觀察。他還特別加了一句：「馬賽克處理本土品牌，卻又保護汽車，沒有處理的公平性。」

張世群則提到這可能和台灣整個社會都有關聯：「台灣對全球所有各國的品牌都開放，但是對自己創造的品牌卻沒有那麼大的信心。」

謝耀輝還有個更細的分析：「台灣人可以支持你用外國的元素來開發給台灣人用的產品品牌，但不支持你去做開拓國際市場的品牌。」

而對這個現象的最佳解釋，還是前頭寫過林思吾講的一段話：「我們政府的政策只看到既得利益者。既有的稅法，根本是逼你當外企，懲罰本土企業。他們完全沒有覺得台灣有做全球化的可能。」

而對岸可不同。從政府到產業到企業，他們一心積極地想要建立品牌，想要走出去的企圖心，人人可見。

我不想長他人志氣，也不想漲自己威風。我要說的是：中國正在以他們的財富，給全世界出了試煉的題目。我們，因爲語言、文化及地理距離的特殊背景，受到的試煉會特別大，不能不小心。但是，我們也因爲語言、文化及地理距離的特殊背景，在這場試煉中可能產生的收穫也特別大。端看怎麼善用這面鏡子。

這是對我們靈魂的第一道試煉。

第二道靈魂的試煉：位置

統獨之爭，使用的是同一張地圖。換一張地圖，我們會看到自己的關鍵位置，以及在這個位置上需要的等待。

對我們靈魂的第二個考驗，是我們要如何看待自己的位置。

過去，以及持續到今天的統獨之爭，看來兩者各據一端，但事實上兩者是互為表裡。統派和獨派，講的都是同一件事：他們對世界的認知，集中於中國大陸和台灣；他們的地圖，鎖定在兩岸。

因為認知和地圖以兩岸為大，所以統派的人不理解也敵視獨派的人，覺得他們是硬要把原來一體的東西切分出去。

因爲認知和地圖以兩岸爲大，所以獨派的人不理解也敵視統派的人，覺得他們是把原來就分開的東西捏合在一起。

因爲地圖上只有這麼兩端，所以統獨都只會看到兩端之間的黑水溝，而看不到地圖之外的太平洋。不過統是由黑水溝的西端往東看，而獨是由黑水溝的東端往西看。往東看的人根本看不到太平洋，往西看的人也是背對太平洋。

統獨講的是同類的語言，只是使用的詞彙不同。統獨也在使用同樣的地圖，只是看的方向不同。

因此，陳水扁喊「海洋立國」；馬英九喊「海洋興國」，但實際上誰都沒有眞

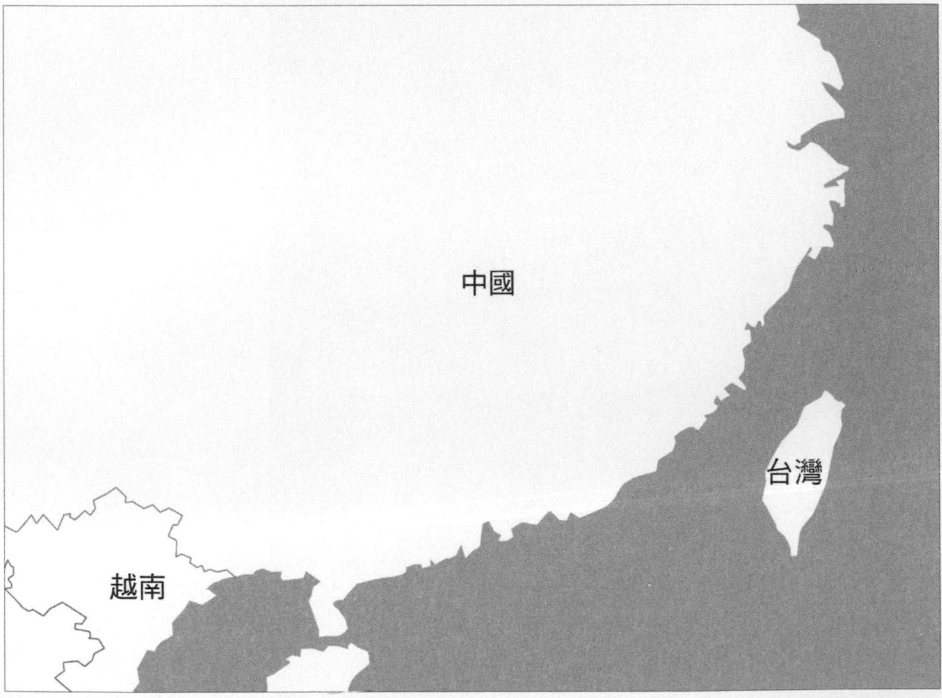

統獨之爭，使用的是兩岸地圖。（林家琪繪）

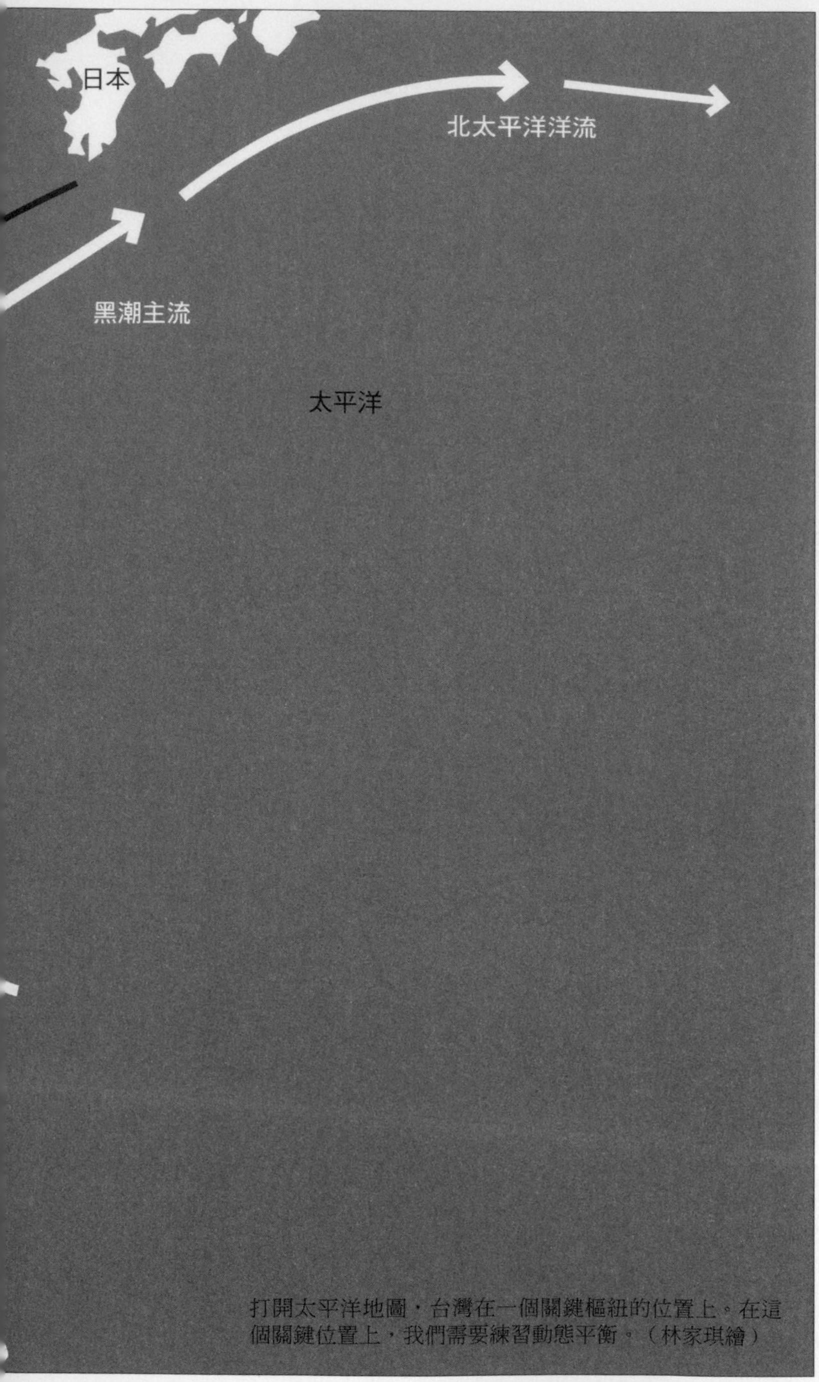

打開太平洋地圖，台灣在一個關鍵樞紐的位置上。在這個關鍵位置上，我們需要練習動態平衡。（林家琪繪）

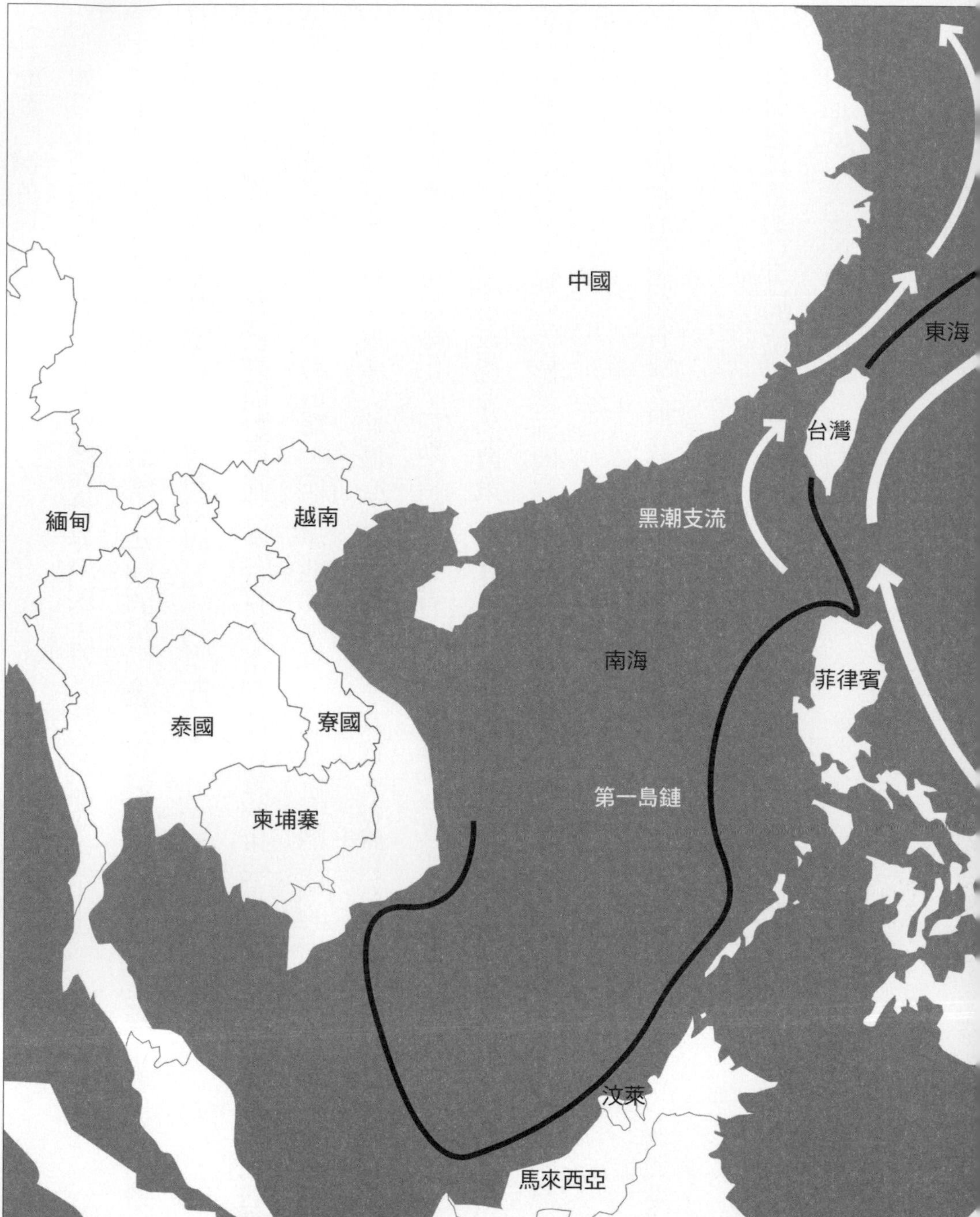
東海
中國
台灣
緬甸
越南
黑潮支流
南海
菲律賓
泰國
寮國
第一島鏈
柬埔寨
汶萊
馬來西亞

正注意到台灣的四周是海洋。

如果我們換個地圖看，換個台灣在世界地圖上看，情況可能會大不相同。黑水溝，只是我們西邊的一道海峽，海峽的另一邊，有個大陸。我們的東邊、北邊和南邊，有廣闊的太平洋，以及其他遠近不同的鄰居。

從政治地緣來看，我們是面對中國，北自日本南到菲律賓的東亞島鏈的中心點；從文化地緣來看，我們是整個南島語系的頂端；從海洋地緣來看，我們是黑潮流域的中心點。

即使不談統獨，也有很多人在擔心台灣的邊緣化。其實，台灣只有在把自己放進僅有和對岸在一起的地圖裡，才會邊緣化；把地圖放大來看，台灣永遠都在太平洋亞洲的一個關鍵樞紐上。

這兩年，因爲美國重返亞洲的政策，尤其進入今年，看著安倍去美國表態，看著越南、緬甸也紛紛與美國走近，很多人感受到因爲中國的強勢崛起，台灣在新的國際形勢之下，有新的槓桿可用。

這兩年的新形勢固然有變，但我覺得台灣其實從來都不必小看自己。我們一直都在一個關鍵位置上。

台灣應該善知自己的位置與價値。擔心與對岸實力懸殊而覺得不如及早投降固然不足取，只想讓自己成爲美國的保護國，也是自毀身價。

不論中國大陸是否要向外擴張，也不論以美國與日本為首的太平洋其他國家是否要圍堵，台灣從來都處在一個關鍵樞紐上，應該善用自己關鍵樞紐的機會。李光耀已經告訴我們，蕞爾之地的新加坡，是怎麼善用自己「位置」的價值而生存、發展的。何況是資源比新加坡還多，位置也更緊要的台灣？

當然，有人會說這種關鍵樞紐好危險。但這就是我們的位置，我們應該接受這種挑戰，欣然地。平衡，是這個位置上最核心的觀念與心態。平衡，也是我們唯一能倚賴的工具和方法。

想要急統，讓台灣成為突破這整個東亞島鏈的缺口；想要急獨，讓台灣成為永遠在太平洋上封阻中國的城垛，都是不切實際，並且會給我們自己帶來毀滅性的危險。

我們唯一能做的事，就是讓自己成為幾方勢力激盪中的平衡點。颱風中，唯有颱風眼是平靜的。東亞風雲激盪中，台灣唯有站在平衡點才能安全。

而所有的平衡，都是動態的平衡。一如有人蒙眼持平衡桿而能走兩棟高樓間的鋼索。

◎

馬總統在他就任七周年記者會上，特別強調七年前的「哀鴻遍野，哭聲震天」，提醒大家陳水扁總統曾經造成的兩岸險境。也常自豪地說自己的政績是不統不獨不武所締造的和平，並把「維持兩岸現狀」當作自己特有的發明。

他的話只有局部成立。

陳水扁總統的確因爲他的一意孤行而把台灣推到烽火邊緣，林濁水曾經把那個過程寫得很清楚。

然而，「維持兩岸現狀」並不是馬總統任內的創舉，李登輝在提出兩國論之前，兩岸之間也有過不緊張的日子；並且馬總統任內的「維持現狀」讓太多人感受到那是一路向中國對岸傾斜，甚至屈膝的「維持現狀」。以至於很多人不以爲然地說：台灣人不想鎖國，但也不要你把台灣鎖進中國。

◎

認清我們的位置後，我們需要重新對待自己的國家。

不是別的國家，是中華民國這個國家。目前只有中華民國最能在這個位置上保持動態平衡。

我可以體會台灣很多人對「中華民國」的感受。

有一天傍晚，我在一個捷運站的星巴克咖啡店裡訪談林濁水。他背著門，斜對著我。

談到中華民國的時候，我問林濁水是否能接受。

「想起以前……」他停頓了一下，前後不到一秒的時間裡，他臉上快速閃過了以憤怒爲主，卻同時混雜了諸多情緒的表情。然後他的語調又恢復了先前的冷靜，「不滿意，但是可以接受。」他簡單地回答。

林濁水那個表情，我相信可以代表許多台灣人想起戒嚴時代國民黨主政的中華民國的情緒。

正因爲如此，我也對二〇〇八年的那個場面特別難忘。

那年十一月，爲了歡迎陳雲林來台，有些在路上飄揚的中華民國國旗被撤掉，結果是長期爲中華民國吶喊的人不見蹤影，反而是許多長期不認同中華民國的綠營支持者，手持中華民國國旗而吶喊。

那是令人初看才剛要笑起來，接著卻會落淚的一幕。

2008 年 11 月，許多原先維護中華民國國旗的人不見了，「恁爸係台灣人」在維護中華民國國旗。（岩武栩攝影）

如果像林濁水所建議，今後不論誰執政，在兩岸關係上都該重回以國爲重，而「黨不會跑到政前面，更不會跑到國前面」，那麼不論是哪一個黨執政，都應該向對岸傳達一個訊息：請對岸正視我們是中華民國的現實。

對岸對我們以「中華民國」而存在，顧忌的不外乎兩個可能：一，我們還要「光復大陸」；二，我們還要在國際的外交舞台上和他們較量「兩個中國」，「混淆視聽」。

我們可以清楚地幫他們澄清這兩個顧忌。第一，不說現實的因素，法理上，中華民國早已廢止了《動員戡亂時期臨時條款》，不存在「光復大陸」的可能。第二，正因爲第一點不存在了，所以我們沒有理由在國際上要和他們較量「兩個中國」。

對岸以中華民國來對待我們，最實際也最符合雙方利益。否則，如果他們不接受台獨，又不接受我們是中華民國，那要接受我們是什麼？

因此，我們大家共同的考驗是：我們有沒有辦法在對岸面前清楚而不卑不亢地講出「中華民國」。

◎ 認清自己的位置，我們也要密切觀察、了解、注意對岸。

現居北京的記者胡采蘋，曾經在一篇文章裡寫下這麼一段話：

「我想鼓勵所有台灣學生更積極、多角度的閱讀中國歷史，甚至應該積極的到中國求學、居住，才能深刻體會台灣與中國的差異，理解台灣應對中國應該有哪些策略，幫助台灣更智慧的應對中國。與中國的相處是台灣無可逃避的現實，捏造一套自我想像的中國歷史無助於現實，逃避現實同樣也不能；只有知己知彼，才能更好面對。」

很多年輕人都在這麼做了。我前面談到的譚端、張卉君、謝耀輝，都是例子。實際在發生的，當然更不計其數。未來不論誰執政，如果不仔細聆聽這些人的心得，而以自己或統或獨的主觀心態閉門造車，不只浪費台灣最珍貴的國家資源，也是在自我製造危機。

觀察對岸的時候，我們又需要密切注意他們的變化。

台灣不少人一路看衰對岸，也有人等待對岸因為經濟衰退、各種社會壓力爆發，而有崩解的一天。

我也認為需要密切注意。目前他們各方維穩力量之大，固然穩定了現狀，但也難有紓解社會壓力的出口。而壓力沒有出口，總是個問題。不論是個人，還是國家。

但我說要注意他們的變化，不是要看好戲，更不是唱衰。

全世界任何國家都有條件看中國的好戲，唯獨台灣沒有。

我們離他們太近，與他們的關係太過密切。

這個龐然巨物如果出問題，我們跟著遭殃的機會太大。可能是因爲他們倒下之前的塵埃就先窒息了我們；可能是他們在踉蹌的步伐中急於找到一塊墊腳之處，而先把我們踩扁。

所以我們藉由鏡子不斷地調整自己，也是不斷地調整如何和對岸相處，如何讓對岸知道我們存在的價值。

讓對岸知道我們價值的最好方法，是較勁的合作。

我在兩年前一月給馬總統和社會大眾的信裡，以及次年給習近平主席的一封公開信裡，都提到台灣爲什麼需要和對岸進行較勁的合作：

台灣很小，大陸很大，雙方真要長久和平，需要透過實力的較勁來進行相互的合作。這裡的較勁，不是為了敵對，而是為了讓雙方彼此知道對方的實力與價值。對台灣來說，只有較勁而沒有合作，會形成無謂的衝突；只有合作而沒有較勁，會在不知不覺中養成倚賴而被淹沒。

台灣需要盡一切力量拉長時間等待。別人說 In God We Trust（我們相信上帝），我們說 In

Time We Trust（我們相信時間）。讓時間找出答案，讓對岸知道我們的價值。

第三道靈魂的試煉：無用之用

當對岸向全世界證明有用之用的時候，我們可以向對岸證明無用之用，以及為什麼可以在二十年後為他們所用。

李牧宜，是一位空中小姐。我因爲看到她在網路上寫的一篇文章，約她一見。

李牧宜比較她服務過的對岸和台灣客人。她說，中國大陸的乘客許多都不講規矩，登機後會把客艙搞得像菜市場。所以，服務陸客，就像是帶一些沒家教的調皮孩子，會覺得全身痠痛、喉嚨疲累，很「傷身」。

而她剛進公司的時候，以爲最喜愛的會是台灣客人，可後來發現，「台灣客人」、「台灣團」才是空服員最害怕的名詞。「曾在空中服務的人都知道，許多台灣客人拿不到撲克牌就發脾氣、生日要求要有禮物、要求高艙等服務（高艙等枕頭毛毯、冰淇淋等）……曾有同事被客人投訴，內容是：『很謝謝空服員主動協助我搬行李，但在搬行李時她的笑容消失了，讓我很受傷』」。因此，她的心得是：服務自家台灣客人，傷的卻是心。

最後，她在文章的結論是這麼寫的：「是不是台灣人習慣將自卑化爲自大，覺得唯有靠著謾罵，才能建立莫名的尊貴及優越感？」

台灣靠著中國大陸如此之近，有著全世界其他地方都感受不到的壓力，但也有全世界都沒有的機會。當其他國家都看不懂中國的時候，台灣正好可以利用同樣語言、同樣文化根源的特點，知道中國到底在發生什麼；台灣如果能平靜地把對岸當成一面鏡子，不只可以對照思考自己有關財富、位置的題目，更可以讓自己的社會和文化進一步昇華。

這是兩岸關係給我們的第三道靈魂的試煉。

◎

對照兩岸，儘管社會體制不同，但可以列一個高度相似的對照表：

對岸有毒奶粉風暴，我們也有塑化劑風暴。
對岸有地溝油事件，我們也有黑心油事件。
對岸空污嚴重，我們的空污也要孩子看各色旗才知道是否能上學。
對岸大媽帶著小孩在公共場所便溺，台灣也有大媽在超市裡公開換內褲。
對岸把渤海灣搞成死水，我們也把自己四周海洋搞成無魚之海。

也有並提之後，值得進一步思索的對照：
我們說對岸的人在社會體制的壓力下不得不野蠻成長，而我們是否能把社會的安定轉化爲自己再上層樓的基礎，而不只在原地安逸自滿？
我們說對岸大漢民族主義，而我們自己對原住民、對外勞、對移民族群，是否有足夠開放的心胸？

我們還可以再思考一件事。
對岸以專制政權卻要向台灣的民主社會強推統一，有他們思緒的盲點。但我們除了表示不屑、激動之外，是否可以平靜地用事實向對岸證明，不要急於把台灣框進他們的版圖，即使對他們而言也是有利的？

◎

回頭再看一下開放源碼。

對岸的開源文化工作者佟輝，曾經寫過一篇文章〈兩岸開源文化面面觀〉，比較了兩岸的差異點。重點如下：

第一，是「民族主義 vs. 公民社會」。對岸的推廣，打一開始就是從政府到民間，強調要有「中國人的操作系統、中國人的某某平台、中國人的開源軟件……」。而台灣卻是從一開始就由下而上，由民間來主導。以 g0v（零時政府）爲代表的眾多社群，都帶有強烈的公民意識。

第二，是「技術驅動 vs. 社區帶動」。大陸的開源活動，往往都在討論具體的技術細節，「技術最終是爲商業服務的。」而台灣的社群，則是盡量降低技術門檻，「吸引更多的人進來，也就有更多的貢獻者願意貢獻自己的力量」，因此更注重培育人本精神的社區文化。

第三，是「小眾玩物 vs. 大眾普及」。對岸開源文化帶有極強的菁英意識，造成許多大牛，形成一個小眾菁英圈的壁壘。而台灣的開源文化強調人人參與。只是這種社區帶動模式也有一個不利點，就是「技術參與少，導致技術發展不夠迅猛，容易與高速發展的技術前沿脫節」。

但最有意思的是，他最後對「Big Data vs. Open Data」的分析。

佟輝指出：中國大陸的開源大會，討論的焦點往往集中在「大數據、雲計算和移動互聯」這三大塊。因爲這三塊最熱門，最能產生經濟效益。

正如謝耀輝和我談到「講起雲計算，人家是賣自來水，而我們是在賣水管」，台灣在這些領域都是弱項，可是佟輝卻透過台灣開源社群而指出一個新的形勢。

台灣開源社群從眾多公共事務開始，一直強調 Open Data，隨著社會事件的不斷發生，越來越多人一方面督促政府開放他們的數據，也號召越來越多的人來共同架構更大的 Open Data。「由於志願者貢獻巨大，反倒形成了大數據，隨著物聯網、雲計算和移動互聯的引入，Open Data 的理念更加深入人心，數據的獲取、貢獻和傳播更加容易，反倒是更加培育了這個 Open Data 的生態系統。」

唐鳳對這個現象再加上一個補充：台灣開放

COSCUP 十周年大會開放報名時以秒殺額滿，圖為現場排隊進場的人龍。（王綱民〔COSCUP〕攝影，以 CC:BY 授權）

源碼「九成以上都是爲了解決一個社會問題，爲了公益」。

這些現象對中國大陸的意義是什麼？

我想起李遠哲的一段話。

李遠哲講，有一次別人提起印度的經濟也在崛起，問他印度和中國的機會有什麼不同。李遠哲說，「我就告訴他：中國有台灣可以學，印度沒有。」

明年就是文革五十周年了。

在一九六〇年代，兩岸敵對那麼尖銳、無產階級要打倒資本主義的呼聲那麼高昂的時刻，如果你有機會跟中國大陸的人說，台灣這個蕞爾小島將在二十年後對你們的經濟發展有大用，他們一定會說你瘋了。

同樣地，在二〇一五年，中國如此豪氣或霸氣地面對世界，兩岸經濟實力差距對比十分明顯，台灣內部對立紛擾不斷，對岸種種以商圍政之勢又即將合圍之際，如果你有機會跟中國大陸的人說：且慢，台灣這個蕞爾小島將在二十年後對你們的政治、法治社會發展有大用，他們會不會也說你瘋了？

所以這更需要我們證明。我們需要證明：爲什麼台灣持續保有民主體制，持續保有自己主體意識，不但對台灣，對中國大陸也是有利的。

我們需要證明：台灣是可以讓中國大陸持續有所學習的地方。

台灣開源社群可以在技術強度、人數、商業機制都遠遠無法和對岸相比的情況下，以民主社會所孕育的開放社群的文化而走出另一條路，在社會公益上所推展的事情可以爲對岸所用，正是當對岸向全世界證明他們有用之用的時候，我們可以向對岸證明無用之用。

◎

近年來，李遠哲爲地球環境的議題，奔波世界各地演講。今年，更配合聯合國的全球減碳計畫。

他說很多人不見棺材不掉淚，但現在很多人看到了棺材的一角，要掉淚了。美國人原來最鐵齒，現在也終於改變了。中國大陸原來在減碳上也一直不肯做出承諾，現在也開始鬆口。他也積極推動台灣在年底前該做的規劃，但是擔心在政治議題的紛擾之下，社會的注意不夠。

那天我問他對兩岸關係的看法。

「今天世界上每個人都應該體認到：三十年後的危機都不是敵人製造的，而是自己製造的。」他說，「所以，今天兩岸一家親，但是，今天也全球一家親。太多問題無法以主權國家的概念來解決。在環境問題上，兩岸尤其需要合作，也可以合作。」

我同意。

當我們說對岸的國族主義大一統思想太狹隘的時候，我們自己要先跳脫西發利亞體系的主權國家邏輯，在地球村時代、全球人類需要共同協助解決問題的時代，向世界開放我們的胸懷。

我們必須敢於和對岸不同，敢於和自己的過去不同，才能進入一個新的未來。

擁抱海洋的時候到了。劉寧生環遊世界的「太平公主」號。（劉寧生攝影）

憲法時刻，全民參政

國家治理者的確認、立法院的改革，迫不及待。全民參政，追求公共利益來實踐榮耀。

回到這本書第一章談的政府癱瘓。這癱瘓除了行政體系本身的崩壞之外，也有源於憲法的問題。我對憲法，本來也覺得是距離很遙遠的事。

會開始感興趣，也逐漸想了解，要謝謝黃丞儀起的頭。從馬王之爭開始，我看他寫憲法相關的文章，有一種特別的冷靜和趣味。

今年立法院上個會期，國、民兩黨熱熱鬧鬧地討論了一陣修憲。之後，我陸續找他、林濁水，和憲動盟的陳俊宏教授請教。

我把這段時間的筆記和心得整理一下，拿一個比喻開始吧。

在商業社會裡，大家都知道一家公司的經營與公司章程的關係。公司章程，不但要把公司組織，還有各部門分工規定得很清楚，還要界定經理人的角色、授權範圍，以及其本人與投資者之間的權利義務，以便檢核。

憲法就好比公司章程。

行政院、立法院等的組織說明，像是公司裡不同部門的分工說明。有關總統、行政院長的職權說明，則像是對經理人角色及其權利義務的界定。

這麼看，就知道今天我們憲法的問題是，這是一九四七年在中國大陸時期由當時的國民大會代表所制定，七十年來始終沒有修改過。到了一九九〇年代，因為結束動員戡亂時期，不得不修。但又因為種種顧忌而不能大修，所以開始了前後七次的修憲，但都不是修本文，而是以「增修條文」的方式附加在本文後面。

這樣的憲法本文，肯定脫離現實，難以落實；這樣七次而來的增修條文也肯定像是違章建築，不免侷促、擁擠，造成許多混亂。

◎

混亂之一，是國家治理者權責不明。

我們憲法裡有總統和行政院長兩個職位，就好像一家公司設了總經理和執行長兩個位置。公司章程要釐清這兩個人裡誰才是眞正的經理人，國家的憲法也是。憲法清楚規定我們是總統制，那當然總統就是經理人；憲法規定是內閣制，那當然由立法院同意而任命的行政院長就是經理人。而偏偏我們的憲法對總統制或內閣制說得不清楚，本文和增修條款有矛盾的地方。照本文，是傾向於內閣制，行政院長是國家的行政首長。但是幾次修憲下來，現在的增修條文，則是傾向於總統制的雙首長制。

正如一家公司如果不釐清總經理和執行長誰要爲經營成果負責，不可能經營得好；給經理人的授權不清不楚，也不可能經營得好，憲法之於國家也是。

正如一家公司的章程脫離現實，不是經理人沒有可以依循經營的守則，就是給經理人上下其手亂來的空間，憲法之於國家也是。

◎

混亂之二，在立法院。

如果能把總統制或內閣制釐清，我們行政和立法權力許多扞格之處，就可以解決。但是現在沒有，就有許多混亂。

而在一再修憲過程中，立法院本身的功能和角色也修出了問題。譬如，黃丞儀跟我說，大家所詬病的黨團協商，也是因爲受到立委人數減半的影響，嚴重惡化。「過去立法委員人數多的時候，至少要二十人以上連署，才能交付黨團協商。現在只要十個人連署就可以進行黨團協商。黨團協商的門檻變低了，只要串連十個人以上，就不用在委員會裡面進行詳細的討論，可以關起門來搓圓仔。」黃丞儀說，「而且因爲人數變少，很容易陷入僵局，個別委員可以拿翹，這時候爲了要能夠進行黨團協商，就必須和這些立委進行利益交換。這些利益都不會攤在陽光下，而是在黨團協商的過程中，由各黨幹部逕行承諾，用法案換法案，用預算換預算，失去國會審議的功能，立法院變成『喬』家大院。」

立委選舉改爲小選區制，政黨得票門檻高到百分之五，也造成許多問題。小選區使得立法委員都縣市議員化，勤跑地方紅白帖，遠比具有國家層次的問政能力重要；政黨得票門檻高，使得立法院成了被國、民兩黨壟斷的局面，極難讓其他小黨出頭。

國、民兩黨不管選輸選贏，資源的分配權都在他們手上。餅就是這兩個黨誰吃多一點，誰吃少一點的問題，其他小黨輪不到。「立法院的政黨補助款一年六億，國民黨拿二億九千萬，民進黨拿二億二千萬，小黨沒有資源，就無法茁壯。而我們需要一些小黨所提出的新想法。」施明德針對這個現象說。

說他們都是基於政黨之私，是因爲就是這兩個黨在主導修憲，結果卻越修越糟，把憲法這部本來就失靈的機器，終於修到無法運作。

過去二十幾年，國、民兩黨主控國民大會來修憲，一直不免只考慮自己的政治現實利益，便宜行事。所以兩黨主張總統制或內閣制的立場都會搖擺，都愛在自己在野或可能下野的時候就主張內閣制，自己上台的時候，就主張總統制。

立法院有沒有閣揆任命的同意權也是。國、民兩黨，在自己掌權或可能掌權的時候，就不同意；到自己要下野的時候就要趕快把這個議題搬出來。雙方都想把憲法修得讓自己得以執政的時候少些拘束，在野則相反。

兩黨各有算計，各有聰明，但是現實的發展又往往不從其聰明所願，所以就經常作繭自縛，修憲修了七次，疊床架屋，治絲益棼。最後一次修憲甚至還訂出極度困難的修憲門檻，堵塞了此後修憲的機會。

行政首長的角色和權力範圍不清，制衡行政的立法院又有這麼多問題，國家的亂象越演越烈，是正常的。而陳水扁和馬英九先後成爲民意支持度低到只有百分之十的總統，更其來有自。

林濁水在二〇〇七年辭立委職的告別演說中說了這麼一段話：

台灣多次修憲都有其必要性和正當性，但無可諱言的，也被各路人馬當成權力分配的手段，瑕疵百出，國之大典因此支離破碎，各個憲法機關成為權力失衡的封建王國，難以整合，行政權、總統、內閣割裂，行政立法無法協調；而國會之外的各黨團中央又另成權力山頭，政治人物各據山頭、勾心鬥角，六年來政治亂象層出不窮且愈演愈烈，如今風暴四處流竄，國家機關幾陷於癱瘓。

八年後來看，只覺更爲眞切。只是，我們還要任其越演越烈多久？我們還能任其越演越烈多久？

◎

許多事情爆發，社會上越來越多人看到了修憲的重要。

國民黨政府，一再指責學生衝進並佔據國會的「不法」。但他們忘了在那之前，行政權霸凌立法權的問題，最後國民黨赤裸裸放任自己的立法委員破壞國會議事精神與規則，造成民主政治的傷害。那是更先出現的「實質不法」。是政府的不法，激發了公民的不服從。

太陽花運動要出關之前，學生提出要推動公民憲政會議的訴求。

「其實，那是我們最好的修憲時刻。」黃丞儀這麼說。「整個社會都感到政府運作的機制出了問題，那是最好的憲法時刻，無人能攖其鋒。」

去年六都選舉之後，國民黨和民進黨兩大黨也感受到修憲的議題要搬上檯面了。於是，十八歲投票權、立委選舉政黨得票門檻由百分之五降爲百分之三、閣揆同意權、降低修憲門檻等議題，也在新聞媒體上熱鬧了一陣子。

可那時我打電話給黃丞儀，他很消沉。因爲他看到國民黨和民進黨的修憲爭論，都在旁枝末節上打轉而未觸及根本，都是基於政黨之私利而不是憲法應有的大義，所以也難指望會有進展。

後來果然是連一些枝節的進展也沒有。

◎

但是，國、民兩黨基於他們私利的考慮要擱置，我們人民可不能。

我們需要把憲法回歸到一個可以運作，也比較理想的狀態；我們需要督促下一次修憲的進行。

針對上述的問題，有兩個重點。

第一個就是把行政首長的角色和權限釐清。

我從訪談之中聽到兩種意見。第一種是林濁水提的；第二種是黃丞儀提的。

先說林濁水和黃丞儀兩人所講的共同點。那就是掌握政權的人必須主持部長會議。現在政府運作之所以出問題，正因爲總統制或內閣制不清，所以雖然「權力運作上是總統擁有最大的權，但是卻不可以主持部長會議，遇事只能電話遙控或黑頭車半夜摸黑進總統府。既不光明正大又不正式，效果有限，甚至使決策更形混亂。」林濁水說。

由於林濁水認爲目前我們總統在主持部長會議這種「該有的權力」太小，但「不該有的權力」，像不受閣揆同意權的限制又主導內閣人事，又太大，所以如果要再比照法國式雙首長制把總統的權力補足，他認爲和現在的主流民意不符，「因爲目前民意一面倒地認定現在總統權力已經太大了」。此外，他寫道，「爲了強化總統行使職權的正當性，法國總統是採用絕對多數兩輪投票制。」這在台灣也不容易推動。

因此，林濁水主張「準內閣制，需要增加的配套相對單純。基本上只要增加閣揆同意權、內閣要求國會信任投票權、總統不擔任政黨職務和閣員可以由議員兼任就可以了」。至於總統，仍然直選，但是虛位化。

黃丞儀則是認爲不論喜不喜歡，修憲七次之後，現在的增修條文裡就是傾向總統制的雙首長制。所以先把目前制度還不清楚的地方再進一步澄清，就能讓未來的總統當選人有可以正常施政的基礎。「譬如，對於總統權限不清的問題，可以制定一部《總統職權行使法》。」黃丞儀說。他認爲這並不是讓總統擴權，而是定個制度，一方面讓總統可以做事，像是主持部長會議，另一方面可以有清楚的監督總統的準則。

「我並不是在爲總統制背書，但是如果現實上已經如此，加上總統直選已經二十年，那就要把總統的權力渠道劃定清楚。不要再造成洪水氾濫，卻沒有任何渠道可以疏導。」黃丞儀說，「台灣直接選舉總統這麼多次，很難有人會把總統當虛位元首。」

◎

至於立法院的改革，先前被減半的立委人數如何再增加一些，是個議題。如何使目前不分區政黨得票門檻降低，讓小黨及第三力量有空間在推動修憲、政治改革上發揮新的力量，是另一個議題。

所以我也訪問了綠黨的李根政、社民黨的范雲、時代力量的黃國昌，以及串連進步連線的姚立明。

李根政特別從綠黨看環保的角度，指出國會必須讓兩黨不過半的理由。

他認爲，雖然經歷了兩次政黨輪替，並且國、民兩黨在人權和女性議題上有所不同，但是在經濟上都是向財團靠攏的開發主義。

「二〇〇〇到二〇〇八，立法院朝小野大，民進黨有建設性的提案，國民黨全擋。另一方面，一九九五年國民黨規劃的湖山水庫爭議很大，可民進黨上台後還是通過興建，期間經環保團體不斷抗爭，還是蓋了。後來媒體報導主壩與副壩竟然有八十六公分的缺口。」李根政說。

二〇〇八年之後國民黨重新執政，國光石化鬧出很大風波。但是李根政提醒：國光石化其實是民進黨執政時期所提出來的，只是被要求進入二階環評後，等到國民黨上台，又成了他們繼續強推的項目。

高屏大湖，有七百公頃，是台灣最好的毛豆種植區，而毛豆是台灣第二大農產品品項。聽李根政回顧民進黨和國民黨如何輪流上台執政就破壞這個區域，眞像是一幕諷刺劇。

「民進黨游錫堃當行政院長提出新十大計畫，其中有四大人工湖，高屏大湖就是其一。所以二〇〇四到二〇〇八年，我們就透過高屏地區的立委擋預算。」李根政說，「到國民黨上台，他們還是編列預算要建高屏大湖。我們繼續抗爭，好不容易藉由環評在前年把此案退回經濟部。」

而不論哪個黨執政，在公共政策的民主參與上都很落後，不給人民「社區知情權」。「政府雖有『資訊法』，但以種種方法阻攔，不讓利害人知道，不做主動、積極的告知。」李根政說。

「所以，要讓兩黨不過半，要讓進步的第三力量出現！」他下了個結論。

在我訪談過的所有第三力量，包括有意獨立參選總統的施明德，都指出目前選舉制度的不公平是一個極爲嚴重的問題，是接下來台灣民主發展最迫切需要改善的問題。

「選舉的保證金制度是最荒謬的。歐洲做過一百七十三國的國會議員參選研究，只有二十個國家需要交保證金。要交保證金的，像英國、加拿大，也都只要相當於兩萬到三萬台幣。台灣每個人要交二十萬保證金，是最貴的。」李根政說。他算了一下給我聽，「一個政黨要擁有不分區的提名權，至少要提名十席的區域立委，加上再提三席不分區，合計要交兩百六十萬元。」

社民黨范雲對選舉制度的問題，也談了很多。

「二〇〇〇年之前，起碼在婦女議題上，立法院可以找到葉菊蘭、謝啓大等人跨黨派地一起行動，但二〇〇〇年之後就不行了。」范雲說，「因爲立法委員人數減半，加上單一選區，選區變小，立法委員涉及全國性的政策少，而跑選區裡的紅白帖變得更重要，使得市議員型的人反而容易當選。」

今天台灣進入人人需要參與政治的時代，但是范雲看到的選舉制度卻是「專門針對封鎖挑戰者而設計的」。

自己也參選的她，有特別深刻的感受。「台北市沒有公共頻道讓候選人免費使用，區公所的公告欄也無法張貼宣傳」，范雲說，「台北市公營的場地，像NGO會館、蔡瑞月古蹟等地方，政黨選舉活動都不能使用，這些限制其實也都間接保障了既有的政治勢力。」

她用德國的情況來比較，就特別容易看出台灣選舉制度對大小黨的大小眼：「德國是參選零門檻，任何參選人得到的每張票都有補助，並且政府還給頻道，給廣告空間。」

而在台灣這種只有在大黨支持下、在大財力支持下競選勝算才比較高的現實裡，就引出下一個問題。「我們需要思考一個制度性的問題：沒有人想當輸家，而花了那麼大成本競選之後，他要怎麼回報支持者？是不是再有理想的人，從政之後也容易腐化？」范雲說，「這些本來修選罷法就可以改善的事情，但是在目前國、民兩黨控制的情況下，他們自己就是既得利益者，爲什麼要修？」

立委選舉的政黨得票門檻，其實是選罷法可修而沒修，結果前一陣子放進修憲議題，又不見下文。

時代力量的黃國昌，給我解釋了問題所在，以及改善方向。

目前立法院選舉是並立制，就是各黨提名若干名區域候選人，也提名若干名不分區候選人。區域候選人是需要經由選民投票選出，不分區候選人的部分則按該黨政黨票得票的比例，看有多少名可以當選。但我們現行的選舉辦法裡有個政黨得票門檻百分之五，換句話說，如果你所屬的黨拿到的票數達不到總票數的百分之五，那你們提名的不分區立委是一名也當不上。

目前大家在努力使這政黨得票門檻下降到百分之三，但即使降到百分之三仍舊是個門檻。達不到的話，投給你們黨的票就白費了。所以很多人認爲理想情況是改爲聯立制。聯立制下，各政黨也分別提名若干名區域立委和不分區立委，如此加總起來，會得到一個全國立委候選人的總數。選舉結果出來，不是先看各區域候選人是否當選，而是看你所屬的黨的得票率，按得票率來決定你們在全國立委候選總人數裡可以當選多少名，然後再看你們當選的席次裡可以有多少名是區域候選人，多少名是不分區候選人。這樣就沒有政黨得票門檻，投給你們黨的每一票都不用擔心會白費。

黃國昌對二〇一六年的大選，特別著重要以實力原則，先進入立法院，佔據一個戰略高地。對於明年國會改選，他認爲首要目標是盡一切努力把國民黨拉下來，實現在國會的第一次政黨輪替。所以他不排斥和民進黨合作。

我問他如何保持進入國會之後的獨立性。

「我們有我們政黨的理想。並且我們對各種重要議題的掌握，以及論述和行動的能力，這本身就會突出我們的獨立性。所以，我們雖然會和民進黨合作，但也清楚地有我們自己的底線。」他這麼回答。我和黃國昌曾經因為在反黑箱服貿協議的過程裡有過相當長時間的合作，所以知道他的策略設定和論述能力。

姚立明在組進步連線，我訪談過的李幸長就是成員之一。

六月我見姚立明的時候，他在思考的，更多已經是國民黨在立法院失去主導權之後的局面了。「這將是第一次國會輪替。民進黨從原先不相信，到現在相信了。」他笑著說。因此他認為國會有一個重要議題是：如何教育、培訓立法委員。「台灣最大的問題，是民主還在幼年階段，很多人覺得民主可能會失敗。如果台灣的民主能進入不成熟的少年階段，再逐漸到成年，就會穩定。」姚立明說，「現在在幼年階段，政治出不來優秀的人，也是自然現象。而台灣最大的希望，也在於還有這個可能逐步成長的過程。」

◎

過去，就像我們被告誡要遠離海洋，我們也被告誡要遠離政治。只是，台灣來到今天這個時間點上，隨著全民參與社會運動、全民參與公民行動，也到了全民參與政治的時刻。所以，也到了全民了解憲法的時刻。

憲法是根本大法。就像公司章程有了，才有其他遵循這個章程定出來的各種不同位階的管理辦法。

陳俊宏跟我說，德國有一位大法官，每天身上都帶著一本袖珍版的憲法。因爲他要隨時在生活的細碎事情中，檢查與憲法的關係。所以我們的憲法脫離現實，也會影響我們每個人對法治的認知和遵守。

一般人倒也罷了，當千千萬萬學習法律的人，最清楚憲法和法律與日常生活關係的專家，他們也一路知道這其中的虛僞與不實，卻又行禮如儀的時候，我們怎麼能期待他們成爲合格的法官、檢察官、律師？怎麼能期望當他們成爲高階政務官，或甚至總統的時候，這部憲法能對他們產生多大的規範？又怎麼能期待我們的法治社會再前進一步？

更別提一般人對憲法的一知半解，也會爆發些不必要的衝突。

今年的高中課綱微調爭議中，除了涉及的史觀的部分不談，其中有些爭議還是圍繞著憲法在打轉。許多人執著於首都在哪裡、國土疆界的爭論，是否要遵守憲法來解釋，但真實的情況是，中華民國的憲法從來沒說首都在哪裡，也沒有界定領土的範圍。如果我們一般人也能對憲法多一些理解，應該不至於產生這麼多無謂的紛擾。

憲動盟在推的修憲，是希望能全面憲改。憲動盟主席團共同主席陳俊宏解釋，他們是由二十五個NGO組成，有一個五人主席團，輪流當主席，但集體決策，是一種「預演式政治」。陳俊宏說有人質疑決策速度太慢，但寧可如此。

而憲動盟探討修憲，有兩個主張：由下而上，全面憲改，並希望分兩個階段來推動。第一個階段是還權於民，包括下修公民權到十八歲、降低修憲門檻讓憲法得以解凍、把不分區立委得票門檻從百分之五降到百分之三；第二階段，全面性的檢視憲政體制，包括國家定位與組織，以及憲法如何保障人民基本權利等，由憲法的討論與認可來凝聚人民對國家的認同。

「唯有找出人民和憲法之間斷裂的關係，才能知道接下來怎麼走。不然人民不知道憲法和他有什麼關聯。」陳俊宏說，「譬如，你重視環保的話，要知道選舉制度不改的話，這種開發主義的經濟發展不可能改變。」

「目前的修憲，是公民只有被動的接受，而沒有主動的參與，連被徵詢都沒有。十場公聽會，由政黨比例提名人選。」陳俊宏說，「理想的修憲程序，應該像沙漏：一端是公民參與討論，一端是公民投票，中間是菁英：法政學者和政治人物。」

◎

我很意外的是，當我問政治學者吳乃德對修憲的意見時，他的反應。

吳乃德對是總統制或內閣制，或其他制，看來都不關心。

他認爲制度是一回事，實際在做的人是一回事。還是要看人，要看政治人物實際的胸襟和手腕。

那天我們討論了一陣後，回家後收到他寫的一篇文章。這篇文章談的是如何閱讀普魯塔克的《希臘羅馬英豪列傳》，但其實是寫給台灣下一代的政治工作者。

他在快結尾處這麼寫著：

在民主時代中，政治已經成為各式各樣的人都有資格參與的行業。正如企業家追求利潤、或利益的極大化，政治人物追求權位、或選票的極大化。正如企業家為了利潤，產品必須為消費者購買，政治人物為了獲得及保持權位，政策或發言必須為選民接受。然而人類社會的許多行業，如教育、醫療、司法等，其存在的意義和價值，或至少我們賦予它們的意義和價值，並非來自單純的交換關係。政治正是這樣一個行業。如果期許公民以公共利益來做投票選擇和政治參與，並非不切實際，那麼期許政治人物以公共利益作為追求榮耀的動機，說不定也非幻想。

我同意他的說法。

在今天我們全民參與政治的時刻，已經不需要革命，不需要拋頭顱、灑熱血，也不需要擔心被抓、被關。

政治可以很日常化，很世俗化，甚至很商業化。但也正因爲日常化、世俗化、商業化，其實我們更應該期許自己，以公共利益來當作追求榮耀的動機。

我們每個公民從像是一個公司股東身分的立場來了解憲法，在修改憲法的過程中不忘記自己股東的權益，卻也從這個過程裡體現自己存在的意義和價值，並實踐一個全民協作開創未來的可能，也是這個意思。

結語之二：解答者應該對出題者心懷敬意

二十年時間，不是滅亡就是新生。
讓我們一無所懼地尋找解答，開創未來。

今年三月中，我和方儉跟陳季芳去參加廢核遊行。結束後，我和季芳去了圓環一條巷子裡，譚端專賣推理小說的那家書店。在書店經營普遍辛苦的今天，他的店卻把一家有特色的書店該有的機能都發揮得很好。

那天走的時候，我在陳季芳的推薦下，帶了一本東野圭吾的《嫌疑犯X的獻身》。我不是推理小說迷，所以雖然久聞東野圭吾之名，之前並沒看過他的書。當天是周末，回家就熬夜看完了。眞的好看。但特別打動我的，是書裡的一句話：「解答者應該對出題者心懷敬意」。

在那個闔上書的星期天早上，我因爲這句話而精神大振。

這兩年觀察、思索台灣面臨的諸多事情，包括前一天去參加廢核遊行，太多積弊和新問題彼此又相互糾纏不清。想到這麼多糾結，心情當然會起伏不定。

心情好的時候，覺得可以鬥志高昂，雖千萬人吾往矣；心情差的時候，則不免消沉，覺得眾業共犯，難有所爲。

一直支持我的，是我的宗教信仰。倚仗著《金剛經》和《大悲咒》前進，我能做的就是不斷調整，讓自己在惡劣的情況發生時，能夠延長心情平靜的時間，而不要拉長波動的時間。《大悲咒》裡有一個段落的中文意思是[1]：

任何難題，全力以赴卻不為結果而影響自己的心情，就是大自在，可以成就。

任何情況下，保持對人的關愛之心，可以成就。

任何難題，都當成一個奇妙無比的遊戲來對待，可以成就。

這些章句是支持我的基礎。但這是我的宗教信仰，不見得適合和別人分享。所以看到東野圭吾的那句話，我太高興了。

「解答者應該對出題者心懷敬意。」

這是一句不需要任何宗教信仰背景的說明，都容易明白，方便分享的話。

行政崩潰造成的問題、經濟沒有出路的問題、核廢料的問題、生態環境破壞留下來的問題、少子化的問題、憲法的問題、政黨以統獨當提款機而亂鬥的問題……

在所有造成我們台灣可能在二十年內滅亡的問題中，思索如何爲國家找出一條出路、生路，成了一齣巨大無比的推理劇。

我們需要期許自己是一個大推理家，實踐自己爲這個推理劇找出一條生路的時代到了。而前提，就是不能對所有攤在我們面前的無數碎片、難以測度的複雜感到沮喪，也更不能爲之前的人怎麼留下這種問題而憤怒。

想要解開如此神秘、難解的難題，唯一的可能，就是要對所有製造這些難題的人心存敬意，感謝如果沒有他們，我們就沒有這些難題可解。

解答者對出題者心懷敬意之後，才能把難題當成一個奇妙無比的遊戲來對待。也只有如此，一個不可能出現的解答，才有可能出現。

這兩年，我看到許多人的心情十分低沉。有些人雖然會嘆氣，但是持續堅持做他長期在做的事情，不懈其志，是最好的。還有些人雖然努力，但多半是在自求多福。還有些人是很努力，但不知道接下來的發展會如何。至於更充滿失敗主義心情的人，就不必說了。

想寫這本書的念頭，在我腦中閃動、浮沉了很久。但是真正下了決心要寫，是在我看到「解答者應該對出題者心懷敬意」那句話的早上。

這本書所訪談的人，幾乎全都是我從今年四月之後才進行的。

我近乎饑渴地進行，一方面是為一個想像中的大拼圖先搜集足夠的圖案；一方面也在我搜集圖案的過程中調整我對大拼圖的想像。

所以我要為所有接受我訪談，或為我引用資料的人致謝。

這些人，尤其是許多年輕人，讓我接收到的許多訊息，和日常聽到的消沉話語，或是許多媒體傳來的紛擾聲音，完全不同。

我之所以饑渴地進行，有我原始的動力，但也有來自這個過程中不斷迸現的鼓勵。此起彼落的聲音，好像不斷地朝我呼喊：「這裡還有我！」「那裡還有他！」「再找她看看！」

他們在提醒我：台灣雖然處在前所未有的險境之中，但是也正有那麼多人一無所懼地想像、開創一個新的未來。

我可以，或應該把訪談再進行得更長，讓更多人在做的努力也被看到，我也可以把這個大拼圖呈現得更清晰。但是時間緊迫，不能不先在這裡告一個段落。

一如我在前言裡所寫：

台灣的未來，將因為這些新生的公民覺醒與行動而改變。但這些能量還在新生階段。到底這些能量會及時整合，成為推送我們升空，遠離毀滅的火箭？還是各自綻放，只是我們在毀滅之前看到的一些美麗煙火？

所以我需要儘快出版這本書。一是希望更多人不要爲政黨的操作所用，不要被他們當作統獨提款機所用，而能夠鞭策所有的政黨人物實際地面對當前的問題，實際地提出他們的解方；一是希望我們身爲國家這個公司的股東，自己在各自的崗位上，共同協作，走在政黨人物之前來帶引他們。

二十年的時間，可以很不夠用，不過五次總統大選，很快就過去了。我們可以看著自己在政黨人物虛無飄渺的口水戰裡無能爲力，終至不免滅亡。

二十年的時間，也可以用得很有力量、很豐富。日本明治維新，也不過二十年的時間。我們可以看著自己如何新生。

就讓我們一起對出題者心懷敬意，來開始解答吧。

[1]《大悲咒》的原句是：「悉陀喻藝，室皤囉夜，娑婆訶。那囉謹墀，娑婆訶。摩囉那囉，娑婆訶。」有賀要延的譯本是「無爲，得大自在，成就。賢愛，成就。上妙遊戲，成就。」我是在有賀要延的譯本上再做一些引伸。

第三部

一段公民行動路線圖的解析

A Case Study and Road Map of a Civic Movement

二〇一三年六月二十日

我們剩不到二十四小時了

如何阻止政府在兩岸文化政策上愚昧、無能、粗魯而自我感覺良好地倒退。

寫作背景

二〇一三年六月中旬，我從紐約回到台北。回來第一天，就因為招待美國客人吃壞了肚子，鬧出了腸胃炎。當晚去急診，在醫院裡又被傳染了感冒。幾件事情一起發作，我過了痛苦又折騰的一個星期。那個周末，我本來該回北京和家人相聚，但是看我的燒還沒退，醫生要我先別出國。

於是我決定留在台北休養一下。

周末陽光很好，我躺在客廳沙發上，貓咪在我腳旁，瀏覽好幾天沒細看的電郵。這時，同事轉來的一個《旺報》的報導跳進眼裡。

如此，我第一次得知台灣即將和大陸簽一個叫作《兩岸服務貿易協議》（以下簡稱「服貿協議」）的東西，也知道大陸的印刷業會因為這個協議，而以很不對等的條件進入台灣。以我對出版業相關的了解，以及我多年來對中國大陸出版的認識，再加上那年二月初我和馬英九總統討論的一些議題，使得我馬上對政府為什麼會做這個決策，其背景，以及如此隱蔽的作法，都產生了很大的疑問。

我當天寫了一封信給馬英九總統。副本給行政院長及相關部會首長，希望有個機會討論。接下來幾天，我密切注意相關的新聞，《聯合報》有個報導說這個協議簽訂在即，並且開放陸資來台的政策將有重大轉變，過去的正面表列將從下半年改為負面表列。但是看不出這個協議到底何時要簽，只感到山雨欲來。

《旺報》的這一則新聞，讓我意外地注意到「服貿協議」。翻拍自2013年6月12日《旺報》。（編輯部攝影）

總統府沒有回音。沒有任何部會有任何回音。

接下來幾天，我身體逐漸好轉，就直接聯絡了當時的文化部長龍應台。她約我六月十九日那天傍晚去文化部和他們開會，龍應台跟我解釋了他們也是在最後一刻才得知印刷業被包括進服貿協議裡。是政務委員薛琦出面通知這個安排，他們也無能為力。

我問龍應台這個協議是什麼時候簽。

她告訴我：就在後天，六月二十一日。

我吃了一驚，無話可說，就決定離開。我看看龍應台，說：「那只能訴諸輿論了。」

就在那天晚上回家之後，我趕寫了這一篇〈我們剩不到二十四小時了〉的初稿。

「服貿協議」簽訂之前，保密到家。《聯合報》這則新聞讓我感到山雨欲來。翻拍自 2013 年 6 月 18 日《聯合報》。（圖片來源：作者提供）

各位朋友：

不知道你是否看到這個新聞：

《兩岸服務貿易協議》簽署前夕，驚爆服貿協議開放大陸印刷服務業來台，主管部門事先未被告知！服貿協議，我方同意大陸印刷服務業比照台灣在WTO所做承諾來台，等於是全面開放，由於大陸印刷與出版業是「打包」經營，一開放恐將使大陸出版品大舉登台，台灣出版業面臨強大競爭。

對此，主管部會的官員十一日在接受記者採訪時坦言，該部會事先對此並不知情。據悉，之前披露遭議的美容美髮業開放也有類似問題，部會多頭馬車互踢皮球，缺乏統整與協調，導致開放項目的評估與因應都未臻完善。……（六月十二日《旺報》）

不論你是在出版、印刷、書店，或者發行通路裡工作的人，還是作者、設計者，還是一個只是愛進書店、愛買書的人，都應該知道：有一件對我們影響巨大的事情，就要在政府決策沒有戰略思維，部會之間欠缺溝通，對民間聲音毫不尊重，對大陸談判守不住底線的狀態下，馬上就要在二十四小時之內發生了。

台灣的出版市場腹地狹小，出版、印刷、書刊零售、書刊發行這些相關聯的環節，不但分屬不同行業，並且就規模而言，絕大部分都是小型業者，甚至奈米型業者。然而，由於出版最重要的土壤和養分是自由和開放的環境，所以隨著台灣幾十年民主化的發展，眾多創作者和小型出版業者不但沒有受囿於市場規模的局限，反而以多元多樣的靈活視野和心態，寫下了偉大的篇章，也帶動了印刷、書刊零售、書刊發行等整個產業鏈的發展。

中國大陸則不同。不但市場規模大，出版、印刷、書刊零售、書刊發行四個行業統整爲一，均爲新聞出版總署所主管，並且任何一個省級的出版集團，莫不同時經營這四項業務，擁有這四個行業豐沛的資源，創造出四頭一身的規模經濟。

幾十年來，台灣出版業希望的、期許的、等待的、夢想的，就是有一天中國大陸能夠對我們有所開放，形成一個大華文市場的腹地，讓我們也有機會在大陸把出版相關的產業鏈做新的發展。

當然，任何人都知道，由於中國大陸對意識型態的重視與管制，這是件不容易的事。但，不正因爲如此，從馬英九總統就任之後，因爲新的政府開放了三通，開放了兩岸文化交流，所以我們應該期許政府做出一點和過去不同的突破。

現在從政府馬上要在六月二十一日（星期五）和中國大陸簽的「服貿協議」，尤其是其中開放陸資來台投資印刷業來看，明顯地看出不但沒有突破，還愚昧、無能、粗魯而自我感覺良好地倒退。

政府不但沒有把台灣出版業原來就相形弱小的四個產業鏈「綑綁」起來和中國大陸談判，竟然還配合中國大陸一向的談判策略，把四個產業鏈「切割」開來，先挑印刷業來談。這是愚昧。

退一步來說，就算要談印刷業，起碼要談出兩岸對等的開放。照現在要簽的協議，陸資來台投資印刷，可以印刷任何事物，當然包括任何書籍雜誌。但是台灣業者要去大陸投資印刷，卻還是拿不到渴望多少年而不可得的「書刊准印證」，只能印些包裝紙材及宣傳物出版品。這是無能。

再退一步來說，對台灣印刷業影響如此重大的事情，起碼應該公開討論，對印刷業者、對出版相關產業鏈上下游業者舉辦公聽會，聆聽大家的聲音與需要，再調整一些談判底線。但是我們的政府部會沒有給同業任何這種公開討論的機會。這是粗魯。

台灣的印刷業者，一如我們出版產業鏈的任何其他環節的業者，都是小資本、小人力運作。這是我們的弱點，其實也是我們的特長。何況，只要政府能幫業者談到去大陸做印刷可以拿到「書刊准印證」，台灣再小的印刷業者也必能找到豐沛的資金和人才去擴展新的市場版圖。現在政府不作此想，竟然有官員主張「把大陸資金引進台灣，可以協助台灣印刷業擴大規模及技術升級，活絡市場」，這是自我感覺良好。

如果任憑我們的政府官員如此簽下此次《兩岸服務貿易協議》中有關印刷的條文，顯而易見的危機有四：

一，出版產業鏈條被切割談判之後，中國大陸未來將沒有任何理由需要和我們談判出版本身的環節。我們自己最核心、最有特色的出版，將不再有機會開拓大陸市場；台灣等待多年的大華文市場，形同泡沫；

二，反過來，台灣出版產業鏈條被零碎切割後，倒製造了給對岸出版相關業者進來的縫隙。各個四頭一身的出版集團，可以配合這些縫隙來轉換面目進入台灣，對台灣的出版產業鏈條逐步產生實質的影響力，我們原來就小型、奈米型的業者，形同以卵敵石，難逃被消滅或併購的命運，而失去自我茁壯；

三，如此，不只是產業生態會變化，更重要的，原來我們引以爲傲的自由、開放、多元、多樣的出版面貌，以及閱讀選擇，也勢必會產生質變；

四，在兩岸政策上，政府這種「愚昧、無能、粗魯而自我感覺良好地倒退」如果能如此輕易過關，接下來還不知道要伊於胡底。

現在，離六月二十一日星期五簽《兩岸服務貿易協議》，不到二十四小時了。

我們主事的經濟部，說是大陸簽約的代表團都到了，不可能再改變。

我們的文化部，說他們無能爲力。

經濟部及文化部以上更高層次的政府決策者，有他們各自在忙的事情，沒有回答。

我們該怎麼辦？

我的建議是：

一，請政府立即就明天要簽署的《兩岸服務貿易協議》中，有關雙方相互開放印刷的部分，爭取到平等的待遇。大陸開放給台灣去投資印刷業務時，不但應准許參與出版物的印刷，並應該保證給予「書刊准印證」。不要自我矮化、退縮。

二，如果說《兩岸服務貿易協議》是個包裹協議，不能臨時局部修改，那就請政府暫停本協議的簽約。不論用任何理由都暫停，全面通盤檢討再決定下一步。

如果你贊成這個建議，

一，請到這篇文章公布的這個網址按一個「讚」，讓政府聽到我們的聲音。

二，請把這封信轉寄給你的朋友，你認識的人，讓每一個人都把這封信送給他支持的立法委員，不論是在野黨還是執政黨的。請他們協助攔下政府這種「愚昧、無能、粗魯而自我感覺良好地倒退」的作爲。

只剩不到二十四小時了。

郝明義

中華民國一百零二年六月二十日

後續發展

我幾乎徹夜未眠。第二天一早，我先去找一位雜誌界的朋友談了一下。當時還是很懵然，不知道怎麼行動才恰當。

回到公司後，我關在房間裡把全文寫完，想到去找一些有代表性的出版、雜誌同業，大家共同具名發表。

我打電話給遠流出版的王榮文先生。近十年來，我因為參與一些出版業的公共活動，而和他有比較密切的來往。王榮文對出版業的了解十分深入，所以只是在電話裡聽我解釋了情況之後，就說算他一份。然後我又找了三位。其中兩位一直沒有回話，另一位則說不宜出面。

我想：如果這篇文章只有出版界兩個人來具名，力量太不足了。但時間如此緊迫，我不可能再另找他人。我又突然想到我有一個「國策顧問」的職銜。那，就我一個人來吧。

我打電話給王榮文說明情況，並問他是否認識民進黨立院總召柯建銘。王榮文說聽我決定，他都支持，即使只是我個人具名發表，他還是為我站台，陪我一起去立院。他的慷慨，我感謝。

柯建銘也很快就答應了。

那天下午，我們去了立法院，在民進黨立院黨團辦公室召開記者會，發表了這篇文章。寫文章的時候，我原本以為是對岸的人來台灣簽署協議。後來民進黨立委告訴我，才知道是我們的代表團去上海簽。

當天下午，這篇文章也貼在自己的Facebook上。也就在一個晚上，引起了巨大的回響。

第二天，馮光遠、鴻鴻等人也上凱道抗議服貿，成為新聞焦點。

我以為這篇文章多少可以對政府在最後一刻產生些提醒的作用，結果卻完全沒有作用。但這篇文章，成為日後所謂的「反黑箱服貿的第一槍」。

後來我一直很好奇。如果我不是因為那個星期吃錯了東西，在醫院裡幾乎待了一個禮拜，無法去北京，因而在家瀏覽信件，無意中看到那則服貿協議的新聞，事情又會如何發展？

如果那個周末我去了北京，就算我還是在電郵裡看到那則新聞，很多事情也都難以那麼回應。

人生，總是意外。

現在是六月二十一日早上八點十五分

二〇一三年六月二十一日

寫作背景

六月二十日下午我在立法院由民進黨總召柯建銘陪同開了記者會後，總統府很快有了回應。楊進添秘書長打電話給我，說這次負責規劃服貿協議的是政務委員薛琦，稍晚薛琦會打電話再跟我說明詳情。

那晚，薛琦和我通了很長一段時間的電話。我和薛琦不熟，但是舊識。我知道他在財經專業上風評很好，也因為他一向和氣的風度而很尊重他。薛琦打電話來，開頭先談他最近讀我在《今周刊》上的專欄文章，語氣親切。

日後，很多人遇見我，都會談我寫的第一篇文章、開那第一槍。但是回想起來，對我來說，可能第二篇文章才更關鍵。

我是個民間業者，當時在中國大陸還有個公司。要出面反對印刷業對中國大陸開放，就不得不把對岸出版和印刷的關係講透。而講透，總是不便。

那個晚上和薛琦通完話後，我曾經考慮過，是否不要再碰此事了。我畢竟已經發聲，拉了警報。而大家是否一起有所行動，不是我能決定的。當然，「國策顧問」的頭銜對我是個責任。可是下午在立法院就已經有記者在問我要不要辭職了。所以，我可以乾脆馬上辭掉這個職位。那麼，我可能不必覺得對此事再有什麼責任，可以比較心安地放下此事不管了。

但是和薛琦通話的過程，的確讓我心頭相當激動。

薛琦顯示的一些政府官員在知識上、心態上的傲慢，固然是原因，但更大的原因，在於透過薛琦，我聽出連他也是半路接手的，我可以感受到其實他雖然說是「負責」服貿協議此事，但實際上負不了什麼責。而這個服貿協議到底是怎麼回事，真的是一個黑箱。那天下午在立法院，我很訝異地聽民進黨立法委員說他們都不知道服貿協議是什麼內容。可他們看我訝異的樣子，就說連國民黨立法委員也都被蒙在鼓裡，沒有人知道。

我覺得這個政府真是不知輕重地兒戲，並且兒戲慣了。那年年初，行政院長陳沖下台，是總統府半夜發個傳真通知大家。可兒戲在國內倒也罷了，怎麼能在關係我們生死大事的兩岸政策上也如此兒戲？

那個夜裡，我還接到北京一位朋友的來電。今天下午我在立法院的記者會，他們也透過網路傳播知道了。我的朋友急切地問我現在情況如何，說一些朋友都為台灣感到緊張，現在都「炸了鍋」地討論此事。他問我有沒有多找一些同業發聲，還提了一個人的名字，提醒我去找他加入。我說那人和我的看法不大一樣，他「哦」了一聲。

我很感謝他打來給我加油。這一篇文章的某些內容，就是他提醒我的。

總之，那天大約半夜過了不久，我決定撩落去。我不辭國策顧問，繼續講我該講的話。

就這樣，我寫了第二篇文章。真正決定我繼續走下去的，是這第二篇文章，不是第一篇。

馬總統：

昨天傍晚，總統府楊進添秘書長奉　閣下之命打電話給我，說已經知道昨天下午我發表的文章〈我們剩不到二十四小時了〉，並說明負責規劃此次《兩岸服務貿易協議》的是薛琦政務委員，會由薛琦再向我說明詳情。

後來我和薛琦通了很長時間的電話。

這次我會先寫信給　閣下，再在昨天發表文章並開記者會，其實都不是我基於《兩岸服務貿易協議》有任何所知，而只是我在報端看到這個協議裡涉及印刷業，而印刷業又和我自己置身的出版業密切相關，所以我的一切發言，都是圍繞著印刷業來進行。我反對簽署《兩岸服務貿易協議》，也純粹是由印刷業所看出來的問題，不涉任何其他行業。

和薛琦談話之後，我第一次對政府如何規劃《兩岸服務貿易協議》有了一些認識。所以今天這封信，我想從比較大的範圍來談我的觀察。

我先說結論。

透過薛琦政務委員，我看到政府在《兩岸服務貿易協議》的決策和作爲是：

- 太過輕忽兩岸事務的敏感

●黑箱作業卻自以爲是

●對大陸的無知與愚痴

●傲慢地忽視產業需求

●對台灣本土中小企業欠缺憐憫

以下分別說明。

太過輕忽兩岸事務的敏感

政府援引太多WTO談判的經驗與規則在《兩岸服務貿易協議》上，卻忘了如果眞的可以移植那麼多WTO的經驗與規則，我們爲什麼還要有特別的兩岸關係條例？這種輕忽，固然和以薛琦政務委員爲代表的許多政府官員的學者背景或性格有關，我認爲閣下可能也要負相當大的責任。

閣下第一次就任總統不久之後，我和另外兩位人士曾經和　閣下有過一次談話。當時，我們就提醒　閣下，兩岸交流的談判極爲敏感，所以政府最好把一切兩岸交流的談判都公開化、透明化，主動向在野黨簡報、說明，一方面凝聚台灣的共識，另一方面也可取得在野黨的某種背書。

閣下當時做了筆記。

但後來政府的作爲，完全背道而馳。《兩岸服務貿易協議》成了政府的黑箱作業，造成在野黨的激烈抗爭。如果　閣下及身而爲，示範　閣下對兩岸事務的重視與敏感，那麼不但可以免除今天許多紛擾，我相信其他政府官員也會及早體認到兩岸事務的談判，不能只是挪用ＷＴＯ談判的經驗與規則。

黑箱作業卻自以為是

這次《兩岸服務貿易協議》到底我方要開放哪些行業？對方要開放哪些行業？到昨天下午，民進黨立委說他們連到底有多少行業的詳細數字都沒有人知道，連國民黨立委也沒有人知道。這是完全出乎我意料與理解的。昨晚我向薛琦求證，他說許多事情涉及敏感，有些東西除非簽成，不會公布。

我問他政府有沒有任何單位的網頁上可以看到雙方協議開放的行業有哪些？他說沒有。他還以開放「醫院」爲例，說那是大陸要開放給台灣去開設醫院，不是台灣要開放大陸業者來開醫院。民進黨是搞錯了。

我說這些種種混亂臆測的起源，都是因爲政府沒有事先公布《兩岸服務貿易協議》的行業內容，是政府的責任。

薛琦承認這是一項疏漏，但說那不是他能負責的。

對大陸的無知與愚痴

薛琦花了很多時間向我解釋這次爲什麼要對大陸開放印刷業，以及他爲台灣業者在大陸爭取到可以先進行商業印刷的種種優惠條件等。

至於我在上一篇文章所強調的「書刊准印證」，他說那是一種「非關稅障礙」。「非關稅障礙」是要花時間排除，但是要先互相開放之後才能再談下一步怎麼排除。

他對中國大陸印刷、出版相關事務的了解，眞是少到可憐。

中共當年之起家，就是因爲在和國民黨的抗爭中，是以宣傳和出版爭取到知識分子和民眾的同情，所以深知思想武器的重要，直到今天都百業、千業開放，但絕不開放出版，以及書刊印刷，並用「書刊准印證」來控管。

我們的政府官員以爭取到中國大陸開放商業印刷就引爲成就，那是無知。

我們的政府官員竟然只把「書刊准印證」看作是一種「非關稅障礙」，那是愚痴。

對我們來說，則是一種深沉的悲哀。

傲慢地忽視產業需求

薛琦對出版業和印刷業，可以說完全不了解。

昨晚，他留了一句可以流傳的名言：「台灣從廢除出版法之後，就沒有出版業了。」

當然，我和他辯論了好一會兒之後，他願意修正他的說法了。他也謝謝我幫他 Pick Up（重新揀回來）一點：出版和印刷是 Twin（雙胞胎）。

我問他：「如果今天晚上我們談了這麼久，你才 Pick Up 回來這一點，那請問你之前和對方去談判的時候到底又立於什麼基礎？」

薛琦沒回答。

我實在不明白，爲什麼政府官員對出版和印刷的認識是如此之淺薄，卻敢如此代表產業去和對方談判這個那個？

我問他有沒有針對印刷業開過公聽會。他說沒有，但他相信印刷業者會「很高興」。

我又再問他：那出版業以外的其他行業呢？你們用什麼基準來判斷互相開放與否？如何評估對產業的影響？

薛琦的回答是：不需要做這些。因爲只要根據WTO，普世性該開放的行業，就都該開放。何況，太多行業，要做這麼多調查研究，做不完。

閣下的許多政府官員，經常被批爲有一種知識的傲慢。

我是昨天晚上第一次有了親身的體會。

對台灣本土中小企業欠缺憐憫

我跟薛琦解釋台灣的出版產業鏈條，說明出版、印刷、書刊發行、書刊零售這些行業都是小型企業的現實，以及一旦有大陸資本湧入時所可能造成的衝擊。

薛琦讓我印象最深刻的回答，就是：「沒有經濟規模，是大不了的。」我相信，他沒有說出口的另一句話是：「市場法則，優勝劣敗。」

由這裡可以看得出來，我們許多政府官員，尤其是這次參與規劃《兩岸服務貿易協議》的政府官員，對台灣本土中小企業欠缺一份憐憫之心。

以出版相關產業來說，台灣絕大部分是小型業者，主要是台灣只有兩千三百萬人口的天然障礙所致。政府要做的事情，是幫產業往外尋找出路（出版相關產業就是中國大陸），擴大市場腹地，輔助我們成長；而不是把陸資引進台灣這個原本就狹小不堪的地方，然後面對小型企業被併購或被消滅的可能，只是說一句「沒有經濟規模，是大不了的」。

何況，台灣出版相關產業還有些小型業者，是自己主動選擇的。他們原來就是因爲自在於台灣有一個可以讓多元小型業者並存的生態環境，所以甘於放棄對規模的追求，而堅持自己相信的一些原則和價值的探索。生態環境一旦產生劇變，這些構成台灣原本美麗形貌的小型業者，也要面臨危機。

這些，當然就更難以在薛琦的考慮之內，我昨天也沒再多說。

最後，薛琦跟我說：他已經比較了解我爲什麼對印刷業放進這次《兩岸服務貿易協議》有這麼多意見。他們一定會把向中國大陸爭取商業印刷之外的「書刊准印證」當作下次談判的 Top Priority（第一優先）事項來處理。但總要先簽了這次的協議之後，才能有下次再談判的立足點。

我跟他說：沒有，你還是不了解我說出版產業鏈爲什麼要和對方綑綁談判的原因。並且，我也完全不相信你們有能力在下次的談判桌上能把「書刊准印證」端上檯面。我說，我不但反對六月二十一日簽署《兩岸服務貿易協議》，還更堅定了。薛琦說，如果最後一刻不簽，相關的影響太大，無法預料。

我說：我當然知道這不是你的層次能決定的事情。我們的談話大致就在那裡結束了。

馬總統，現在只有　閣下能決定暫停簽約的這件事情了。

我願意總結一下我爲什麼認爲現在不該也不能簽署《兩岸服務貿易協議》的理由。不只是像昨天以前光從一個出版業者的角度。

過去，李登輝總統及陳水扁總統執政的時代，採行鎖國政策，打「碉堡戰」，封閉了自我，也錯過了在兩岸關係上及早取得戰略優勢的機會。此所以大家在二〇〇八年以高票讓　閣下當選，渴望　閣下能引領台灣打出「突圍戰」，爲台灣走出一條新的生路。但早如我之前提醒　閣下的，如果「突圍戰」的戰略、人事、戰術充滿矛盾與混亂，則要注意突圍不成，反遭殲滅的風險。而從這次《兩岸服務貿易協議》引發的風波，則可以當作一個個案，清楚看出我們政府現在在兩岸政策上種種混亂與不當的決策和作爲。

太過輕忽兩岸事務的敏感——這相當於沒有認清突圍戰是生死之戰。

黑箱作業卻自以爲是——要打突圍戰，卻不給自己任何人看突圍的地圖和路徑。

對大陸的無知與愚痴——這是對突圍方向的雷區和深水區毫無知識。

傲慢地忽視產業需求——結果不但不知道如何整合、加強自己後方的力量，還後門洞開，引軍入境。

對台灣本土中小企業欠缺憐憫——形同沒把台灣兩千三百萬人的身家性命當一回事。

我已經努力把要說的話都說明白了。剩下的，就請　閣下做決定吧。

現在是六月二十一日早上八點十五分。

郝明義

中華民國一百零二年六月二十一日

後續發展

我在六月二十日去立法院開記者會的時候，寫了封信給當時的民進黨蘇貞昌主席。提醒他民進黨對兩岸政策要積極參與，縝密監督。當時交由柯建銘代轉。

第二天早上，在我把第二篇文章發出不久，接到蘇貞昌辦公室打來的電話。他們說《自由時報》把新聞做得很大，上了頭版，問我看了沒，我說還沒有。後來，蘇貞昌再打來，說他昨天不在台北，問我能不能今天再找王榮文一起開個記者會。

於是我們一起在華山對馬總統又喊了一次話。當然沒有作用。服貿協議還是在那天下午兩點簽了。

這篇文章所歸納的馬政府所犯的五個錯誤，後來被在野黨及媒體多所引用。而後來的情勢發展，很快地證明了薛琦真的不是「負責」的人。馬總統帶著陸委會主委王郁琦到各處奔波救火，沒看到薛琦以「負責」的人身分出面。而到了二〇一四年年初，行政院宣布內閣改組名單，薛琦也赫然在內。

現在回頭看這篇文章，覺得火氣實在大了一些。有些遣詞用字，尤其對薛琦，可以再和緩一些。如果是今天寫，我會表達同樣的內容，但不會那麼尖銳。

結語

出版產業調查報告及公聽會

二〇一三年七月二十日

寫作背景

服貿協議在簽訂之前，我們政府真的當成絕對機密。立法院裡，事前民進黨沒有任何委員知道任何內容不說，國民黨也是。

六月二十一日下午在上海簽了之後，才第一次公布所有內容。後來看新聞，連國民黨籍的立法院長王金平也說他事先一無所悉。我確認自己從一開始用「黑箱」來形容，一點也沒有過分。

協議內容公布之後，我趕快去下載。接下來正好是周末，我就把協議的附件仔細閱讀。我先研究和印刷、出版業直接、間接相關的部分，再挑一些我覺得重要或吸引我的行業讀，最後再從頭仔細一條條檢查一遍。

當然，我對自己行業的部分，立即就能看出其中的漏洞和問題。其中最重要的，就是原以為服貿協議只開放印刷業，所以對出版業的影響是連帶的，但是看了協議內容之後，發現整個協議本身雖然沒有提到出版，但是因為「批發交易服務業」、「零售服務業」的不對等開放，將對書刊的發行和零售產生直接衝擊。

我寫前兩篇文章的時候，都是提醒政府不要以為只開放印刷業是影響出版、印刷、發行、零售四個環節的四分之一而已。看了協議內容，才知道原來他們是把四分之三都不對等開放了。而所謂印刷並沒有開放，則根本是空話。

於是我連續寫了兩篇文章〈我們來拯救自己安身立命之地〉、〈我看到的與我相信的〉，想傳達的訊息就是：我們完全不能倚靠政府了。「我們自己的安身立命之地，我們就自己來救！」

在這同時，服貿協議的新聞引爆後，雖然民間立刻就出現了眾多反對的聲音和動作，但是政府並沒有退讓的意思。

不過，也因為這個黑箱實在黑得太徹底，連國民黨的立法委員，包括王金平院長，事先也無一人稍窺任何內容，所以連國民黨立委也有了強烈反彈。而服貿協議雖然於六月二十一日在上海簽了，但是連國民黨立委都反彈的結果是：雖然國民黨立委佔了立院多數，但是並沒有同意讓行政院「備查」即可實施，甚至也沒有同意讓此案可以「包裹表決」。最後，朝野兩黨協商結果是：服貿協議必須逐條實質審查。

我看到這個新聞，大感鼓舞。就到處打聽「逐條實質審查」的意思。

有個朋友回了我簡訊，告訴我去問的人，然而仍然肯定地說：「在七月無論包裹表決或逐項都會過關！」

可是我仍然很興奮。只要不是立即生效就好！我就趕快把握這一個月時間來努力！

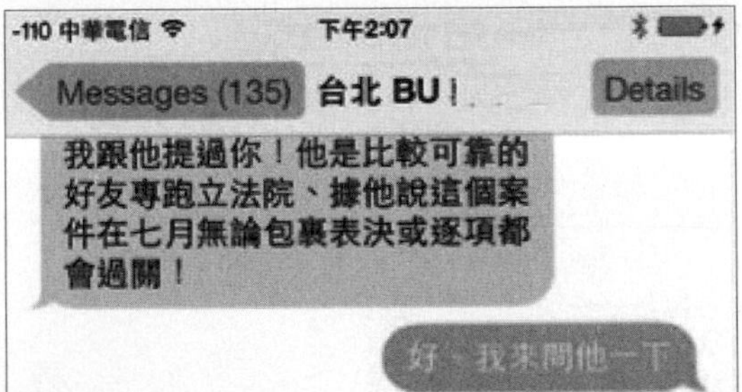

我並沒有因為這一則簡訊洩氣。（圖片來源：作者提供）

所以我在發表第三篇文章的前一個周末，也同時思考如何讓更多的出版同業來參與這件事情的討論，然後歸納一些行業的共識，向政府發聲、施壓。

就在此時，我收到了李金蓮來的電郵。李金蓮是前《中國時報》的〈開卷〉版主編，對閱讀、出版的用心、用情之深，眾所皆知。我和她雖然曾經同時在《中國時報》集團裡工作過，但可以說並沒有私交。只有每年〈開卷〉的好書獎頒獎典禮上，會和她見一次，講幾句話。

金蓮給我的信很簡短，她看過我的文章，說如果有需要她幫忙的地方，告訴她一聲。她的信很溫暖，並且讓我馬上聯想到還應該找徐開塵。開塵是過去《民生報》跑文化、出版線的資深記者。談起閱讀和書，也是熱情洋溢。我在時報的時候，和她是點頭之交，離開時報之後，則成為朋友。如果有這兩位同是和出版產業往來過二十年以上，對出版產業各方門路和人脈都了解的人合作，這件事情才有成的可能。

我毫不客氣地就回了金蓮信，說我想要開始和出版同業聯絡，需要她的協助。再找了開塵。開塵當然也是二話沒說，就加入了。

我們第一步要做的事，就是先和出版業上下游的同業公會、協會等組織聯絡，先和他們取得共識。我先寫了一份聲明的草稿，大家再分頭聯絡。有人對聲明裡有要補充、調整的意見，就再修改。

到今天回頭看那段日子的電郵，大家彼此交換又有某一個單位同意加入的訊息中的興奮之情，還是躍然紙上。

我們在六月二十六日辦了記者會，公布了〈我們的共同聲明〉以及第一波的連署人。其中有一位黃義盛先生要特別提一下。我們剛開始聯絡的時候，黃先生是中華印刷科技學會的理事長。但因為正好在新舊任理事長換屆，所以黃義盛一面介紹新任理事長葉振璧給我們認識，另一方面也不吝提供他的種種專業知識和經驗。

我知道服貿協議包括了台灣的印刷業的時候，雖然也立即就能知道其中的一些問題，但是到真正逐條檢查服貿協議的內容，要更深入地了解台灣印刷業的困境，可能遭遇的危險，以及這次協議的不對等細節，黃先生指點了很多眉角。

六月二十六日記者會後，出席的各個單位的代表共同開了個閉門會議。會中決議推派我負責組一個工作小組，在七月底之前做兩件事情：一，針對業界進行比較大面積的調查採訪；二，舉辦公聽會，由民間接手補做政府應該在事前做而沒做的事情，並在七月底前完成綜合報告，送交給政府。

從印刷及出版業最先跳出來發聲反黑箱服貿之後，許多行業紛紛發聲，話題性比較高的除了旅遊業、美容美髮業、中藥批發業等之外，還有許許多多其他行業。

我想：政府黑箱行事，事前不辦產業的公聽會，而出版業既然是處理知識，分享知識的行業，那我們現在民間自己辦公聽會，一定要廣開言路。這樣得出來的結論，才能一方面可以對政府發聲，交給民意代表使用，另一方面也給其他產業、行業當參考。各行各業都行動起來，政府想只是重複地說「利大於弊」也就不管用了。

我和李金蓮與徐開塵在規劃工作的時候，認為還需要有一位對中國大陸的出版市場比較了解的人參與。於是我們又找了孫祥芸。祥芸曾經被天下遠見集團長期派駐過上海，在那裡處理雜誌相關的業務。她也是立馬決定拔刀相助。

我也找到了贊助者，除了一位不具名人士和台北書展基金會捐款之外，王榮文也捐助了華山一個場地做公聽會之用。

因此，我們把公聽會訂為四場：除了針對產業的三場分別是印刷業、圖書發行與零售業、出版與雜誌業，再加一場綜合及政府談判程序與策略。

公聽會之前，我們先分三個小組，再邀請其他曾經跑過出版、文化出版業的記者，或者在行業裡工作過的人加入，各做三個星期左右的業界調查採訪。李金蓮是印刷業小組的召集人，再加蘇惠昭；孫祥芸是圖書發行與零售業小組的召集人，再加諶淑婷、彭蕙仙；徐開塵是出版與雜誌業小組的召集人，再加陳淑貞、李令儀。

她們設計了調查、採訪的問卷，並且利用她們多年在業界的人脈，打聽出對服貿協議的贊成與反對方人物，並且邀請大家接受採訪，並參加公聽會。調查採訪不預設任何立場或結論，被採訪者可以選擇具名與否，以便可以暢所欲言。

解嚴之後，台灣曾經有一段時間有多樣的出版和閱讀專業刊物、媒體版面。這些人都在那段時間大展身手。但可惜近十年來這些刊物和版面都逐漸消失不見，她們也都離開原來自己熱愛的工作領域。我十分榮幸能在二〇一三年一個突如其來的震撼中，有機會和她們一起工作了一個月。沒有她們的加入，這件事情不可能完成。

調查採訪完成後，七月十四日舉行了四場公聽會。然後我們趕在七月二十六日完成了《「兩岸服貿協議」對台灣出版及閱讀生態影響——調查採訪與公聽會報告》。這份報告可以到這裡下載：http://savetaiwanreading.com。

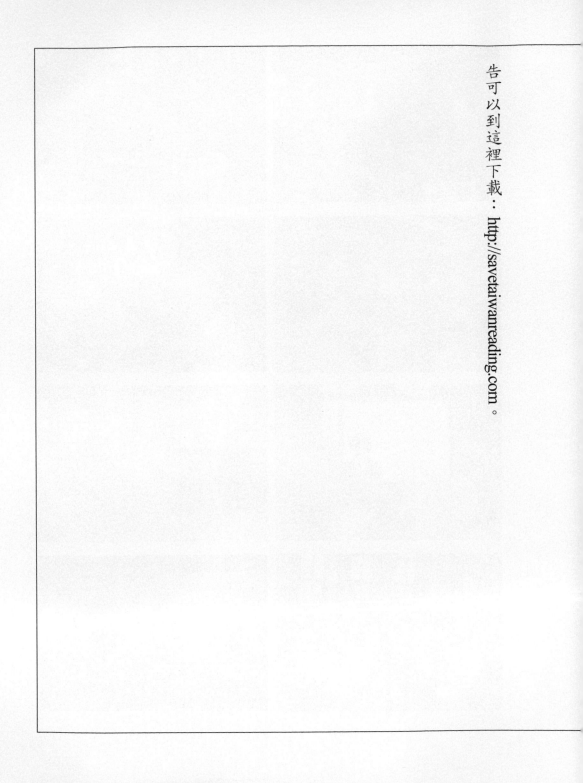

《兩岸服貿協議》
對台灣

《兩岸服貿協議》
對台灣出版

《兩岸服貿協議》
對台灣出版

2013 年 7 月 14 日公聽會現場。（編輯部攝影）

後續發展

報告的最開頭，以及結語的最後，都有謝詞，感謝所有不分立場接受調查採訪，並參加公聽會的人。

的確，參加的人都各陳己見，不論反對服貿協議的還是贊成的，不論在公聽會現場還是不具名接受採訪，大家都毫無保留地表達自己的立場以及理由。這種態度，是我最為台灣出版業引以為傲的。

報告的紙本印了兩百份，出爐後，我們立即送給政府部會首長，以及全體立法委員每人一份。也有人來索取，所以就全部贈送完畢。

比較可惜的是，之後其他行業並沒有再像出版業這樣做。而我曾經想過是否可能支援一些行業來進行，但也發現現實在力有未逮。

對我來說，看到公聽會凝聚了那麼多人氣，是最高興的事。

許多意想不到的人站出來慷慨發言，指出服貿協議的問題，提出許多我之前沒注意到的角度，受益匪淺。

尤其，書林的蘇正隆先生，在公聽會之前發了封電郵給我，要我注意諾貝爾經濟學獎得主史提格里茲（Joseph Stiglitz）的一篇談雙邊貿易協議的文章。那篇文章真是提供了我們豐富的學理根據。我在公聽會裡介紹了他的論點，其中「商業利益不能凌駕國家利益之上」這一句真是醍醐灌頂，日後也被廣為引用。

公聽會之前，有人問我把服貿協議擋下來是否有希望？我都說有。有多大的希望？我都說百分之二十。

公聽會最後一場結束後，有人在現場再問這個問題。我說：百分之五十。

我真的士氣大振，相信可以一戰。雖然有人說我太樂觀了。

二〇一三年七月三十一日

總統不能罔顧國家安全，破壞民主程序，錯亂政府體制

辭國策顧問公開信

寫作背景

大約在李金蓮她們正忙著調查採訪出版同業的時候，我的時間多花在與出版業之外的人連結。

傳統的紙媒和電子媒體，除了《自由時報》在反黑箱服貿的議題上一直緊跟之外，大多並不熱切。我覺得必須另開戰線，尋找新媒體的出口，因此寫信給幾位對網路世界比較熟悉的朋友。

其中楊孝先回信了。他說要幫我介紹一群叫作g0v（零時政府）的人。那是我第一次聽到這個群體，就和他們在七月初第一次見面。

他們來了九個人。我簡報了我看到的問題，並請教他們可以如何在網路上行動。他們回去後就開了Hackpad，並把我加入群組。

後來，g0v在反黑箱服貿行動上的貢獻，就不再贅言了。

另外一個連接，是完全意外的。但是對二〇一三年七月時的我，是絕對性的振奮。有如苦戰之中，得來千軍萬馬的支援。

那就是台大經濟系主任鄭秀玲的出現。

開啟與g0v間的對話
九人去開會
懂服貿的是
0

g0v 後來有做一個記他們和我第一次接觸的簡報檔。http://www.slideshare.net/slideshow/embed_code/32909587?startSlide=22。
（圖片來源：作者提供）

有一天我看《自由時報》，讀到她談反黑箱服貿的星期專訪，真是大喜過望。因為我希望把反黑箱服貿打成長期戰，而長期戰必須論述，尤其需要有經濟專業的人出面。台大經濟系主任願意站出來，解決了我沒有學界支援的擔憂。

我正在想如何和她聯絡的時候，學學文創的徐莉玲董事長打電話給我，說要介紹鄭秀玲給我。徐莉玲在反黑箱服貿的行動中，一直給我很大的鼓舞，提供了很多出版同業給予不了的觀察角度和支援。

這樣我和秀玲見了面。秀玲說：她是在有一天去髮廊洗頭髮的時候，讀到我寫的文章，引起她的注意來研究服貿協議的內容，從產業經濟學的角度來看，發現問題嚴重，不能不站出來。而相認之下，原來秀玲和我是台大同居。她經濟系，我商學系。我們在校不識，畢業數十年後，能因為一場反黑箱服貿行動而開始併肩作戰，真是人生一大快事。

我和秀玲的合作十分愉快。我們共同討論議題。有的是她發現來告訴我，譬如對岸和全球任何國家談判，都是貨貿先於服貿，或至少不晚於服貿，只有對台灣是服貿早於貨貿的蹊蹺。有的是我想到議題，請她做真正的研究，譬如比較對岸和各國簽的服貿協議，台灣是否當真取得不同於他人的優待。

更重要的是，秀玲幫我引介了許多人，尤其在學界。黃國昌和賴中強也是。他們都是更前一陣子反媒體壟斷行動的戰友。我以前都不認識他們，因為秀玲的關係，才得以一次連結。

我原來是決定不辭國策顧問的。反正我是為中華民國而當國策顧問，掛著國策顧問的頭銜而反黑箱服貿，和政府唱反調，對我沒有心理壓力。並且，我在文章的遣詞用字上，都注意不會針對馬英九總統。有些媒體會在標題上轉移或放大，責不在我。

但有一天和南方朔通電話，他提醒我不妥。他說：無論如何，我是馬英九聘的，我的國策顧問職銜是馬英九給我的。我既然不同意他的施政，要公開唱反調，就該辭掉之後再大鳴大放。否則，他說，在道德上有瑕疵。

我聽進了南方朔的話，逐漸改變原來的想法。但另外一些人總是希望我再想想。他們的理由是：國民黨政府一直想把反黑箱服貿給標籤化，塑造成是政黨亂鬥、民進黨逢中必反的形象。如果我留著這個頭銜，有助於化解這種標籤化。

我反覆搖擺了幾次，心底卻是越來越想辭了，剩下的就是時間點。既然要辭，我要設法讓辭職的力量發揮到最大。

七月底，時間點到了。

由台大文學院院長陳弱水領銜，有台大、清大、成大等多位教授，加上文化界多人，包含我，發起了一個「實踐民主審議、誠實評估衝擊、重啟服貿談判」的連署，並且舉行了記者會。http://campaign.tw-npo.org/sign.php?id=20130729011657

我們的主要訴求是：

「我們雖然認同立法院就兩岸服貿協議所做成『逐條、逐項表決』的決議；但我們認為更重要的是具有『公民參與、誠實評估』的實質民主審議，絕非僅是由立法院透過『吵吵鬧鬧的口水』以及『動員投票部隊表決』的虛偽形式民主，就可草草了事。

綜上，我們針對服貿協議的國會審查及後續處理，提出以下具體訴求：

一、立法院應就開放之每一產業，個別依法定程序召開公聽會。

二、在行政院綜合公聽會意見，提出產業衝擊評估報告、社會衝擊評估報告及國安衝擊評估報告前，立法院不得進行實質審查與表決。

三、行政部門應依立法院逐條逐項之修改結論，重啟談判。」

這個記者會是在七月二十九日開的。因為是頭一次有這麼多學界，跨越不同院校、科系發聲，我相信這個聲音夠大了。

第二天早上上班時，打開報紙的那個印象我永遠忘不了。大大的標題——馬英九總統說：有些學者的意見，「不堪一擊」。

「不堪一擊」，是嗎？

我胸口有股火焰燒了起來。

那天正好上一個謝金河的電視節目。錄完影之後，我請謝金河單獨留幾分鐘給我。

我和老謝說了我的掙扎，他直截了當地說：「你快辭吧。再不辭，有人會以為你還別有所求。」我向他致謝握別。

回到公司，得知第二天下午我被民進黨邀請去參加立法院的公聽會。我意識到：能在立法院公開辭國策顧問，還能因此把發言刊在《立法院公報》上，留在國會紀錄裡，真是個再適當不過的機會了。

那天偏偏很忙，有一些外國來的朋友必須招待，所以回到家都快晚上九點了。然後我打電話跟黃國昌說了我的決定，並討論了一些內容。之前我不認識國昌，這一陣子因為辦陳弱水教授領銜的連署，和他就聲明內文討論過，對他的為人和論述能力都印象深刻，因此就請教他一些意見。

我大約是快十一點的時候開始寫這封辭職信。一夜未眠，加上整個早上，一直到下午兩點才定稿，然後就趕去立法院了。

出門前，我把給馬總統的電郵準備好在手機的

我辭國策顧問那一天是第一次進立法院這個會場。拿「服貿協議」對照兩旁的「國家至上，民眾第一」八個字，很覺諷刺。（編輯部攝影）

草稿匣裡。

當我的輪椅要走進立法院的時候，我拿出手機，按下了發送鍵，把信寄了出去。

馬總統：

謝謝您請總統府秘書長楊進添來和我會面，說明政府簽署《兩岸服貿協議》的角度。我請楊秘書長轉達我不同意的意見，您也想必已經了解。

現在大約兩個星期之後，我決定辭去總統府國策顧問一職，敬請查照。也同時說明理由如下。

我從民國九十八年就任國策顧問一職後，將近五年時間裡，不論以公開信或非公開發言給您的建議，一直是請您重視三個主題：

一、國家論述，也就是國家願景的設定；

二、兩岸政策的突圍，要攻守有據，以免反遭殲滅；

三、政府運作的混亂與失序。

我也提醒您：前兩項需要相互呼應，第三項難以立即全面改善，所以最好根據前兩項的方向，以80／20原則挑出短期需要劍及履及改善的重點來監督。

其中，有兩次向您當面建議兩岸政策的重點，也想再說一遍。

一次是民國九十八年底，我和另外兩位人士一起提醒您，兩岸交流的談判極爲敏感，所以政府最好把一切兩岸交流的談判都公開化、透明化，主動向在野黨簡報、說明，一方面凝聚台灣的共識，另一方面也可取得在野黨的某種背書。您當時做了筆記。

另一次是今年二月底，我和您有個單獨對話的機會。當天我提醒您對如何招引中國大陸企業來台投資的事，應該設定「藍線」和「紅線」兩種不同的項目。藍線項目，是指我們明顯落後於他們的，需要他們技術和人才的，這應該積極創造有利的招商引資辦法；紅線項目，是指事涉我們國家安全或利益的，無論如何都要守住，不要讓對方進來。並以去年中國「華爲」電子想要併購美國 3COM 公司，卻被以「危害美國政府信息安全」的理由而被攔阻爲例，指出即使美國這個所謂自由市場的大本營，也有他們基於國家安全而定出的紅線項目。您當時也同意，表示已注意到華爲電子的這一則新聞。因此我建議您應該集思廣益，邀請各方產業或意見領袖來討論、定出這些藍線和紅線項目。我個人比較有把握，敢說的，是「紅線」裡應該包含「媒體」和「出版」相關的項目（出版上下游產業不該切割對待，以免被一條鞭管理的對岸國營出版集團所趁，更是多次在其他機會也向政府相關部門提醒）。

因爲我們有過這些深入的討論，此所以當我這次看到政府在《兩岸服貿協議》中，毫無預警地把出版上下游四個相關環節中的三個都不對等開放給對岸時，先是趕快寫信給您和相關部門，希望有機會挽救，在沒得到回應後，不得不直接訴諸社會的注意。

這段時間我一直沒有辭去國策顧問一職，理由有二：一是我希望除了我個人的繼續提供提醒和建言之外，社會上出現這麼多異議之見，您可能兼聽則明，懸崖勒馬；二是有些政府官員和媒體，企圖把這次近乎公民運動的政策辯論，標籤化和簡化爲藍綠政黨的對決，我持續以「總統府國策顧問」的身分提出諍言和建議，多少可以緩和這種標籤化和簡化思維的作用。也因此，到今天之前，我事實上任何發言的用詞遣句，都沒有針對您個人而來。

但是經過一個月的時間下來，即使民間種種異議聲浪越來越高漲，但是從您對這些異議的回應來看，現在我相信您的許多問題已經不是「偏聽」所造成，而是您自己個人對三個基本的議題就有認知上的偏差。

一、兩岸政策，是生死大事。不能為了拚經濟或創造政績，而罔顧國家安全

您想要透過先和中國大陸簽訂服務貿易協議之後，再得以有機會和亞洲和世界其他地區簽署自由貿易協議，是一種拚經濟的思維。

這種執政者光爲了本身政績表現而急於推動，卻完全沒有評估相關產業的衝擊影響，事先也不徵詢產業意見的作法的問題，已經有太多人提出，在此不再贅言。

但是就您身爲中華民國總統，不應該忘記這個「兩岸」的對方，並不是一般WTO的簽約國，而是一個有上千顆飛彈還瞄準台灣的對方。而我在兩年前的一篇文章中還提醒過您：「兩岸關係的本質，一直是戰爭狀態。只不過，早期，主要是政治與砲彈的戰爭；到大陸全面改革開放以後，則改爲經濟與銀彈的戰爭。」

因此，我們要和對岸簽署任何商業協議，不能只是沿用和其他國際社會來往的「開放」概念，不僅要做產業衝擊影響評估，還一定要把這些產業事實上是「經濟與銀彈戰爭」的現場放在心上。

也因此，我們要在做「產業衝擊影響評估」之外，更要做「社會衝擊影響評估」、「國家安全衝擊影響評估」。

而您所領導的政府，事前連「產業衝擊影響評估」都沒做，更遑論「社會衝擊影響評估」、「國家安全衝擊影響評估」。

就政府的經濟相關首長而言，他們慮不及此，已經不當；就您身爲中華民國總統及三軍統帥的身分而言，一直不肯面對這個協議涉及兩千三百萬人的安身立命，必須謹愼以待的事實，可謂失職。

二、黑箱作業，破壞民主程序

政府這次簽署《兩岸服貿協議》，其黑箱作業破壞民主程序，是極其嚴重的事情。

一個涉及影響我們GDP百分之七十，就業人口四、五百萬人的對外協議，尤其是與對岸的協議方向與內容，竟然可以完全把國會蒙在鼓裡，從在野黨的立委到執政黨的立委到執政黨的立法院院長都事先不做任何透露和討論，這完全破壞了民主社會的價值和理念，破壞了民選政府的程序正義。

今天，中華民國之所以與中華人民共和國不同，之所以我們即使在幅員和經濟力量上無法和對方相比卻仍然有所自豪之處，不過是中華民國乃一民主社會；台灣歷經二十多年的政治轉型，全民不惜花上經濟、產業等其他發展相對遲緩甚或停滯不前的代價，不過是爲了確切落實人民自己作主的信念。

您所領導的政府，這次如此破壞民主程序，其實是站到了台灣數十年民主運動發展的對立面上，即使眞能在經濟成長上產生再大的助益，其實都不足以彌補造成的傷害，遑論經濟部事後委託中經院自己做的評估，這種經濟成長的幅度都不過是百分之零點零二五至零點零三四。

三、黑箱作業，錯亂政府體制

黑箱作業，不只是破壞了民主程序，也錯亂了政府體制。

對外進行這種協議談判，一定涉及三個層次的問題：

第一個層次是Who，到底是誰在策劃、主談。

第二個層次是What and Why的問題，要談什麼，涉及到哪些產業，以及爲什麼是這些產業。

第三個層次是How，怎麼談，以及中間過程的問題。

在一個民主社會裡，前兩個層次的問題必須是公開、透明的。第三個層次的問題，至少也要隨時接受國會的涉入與監督。

您所領導的政府，這次始終閃避黑箱作業的問題，不僅想模糊焦點，事實上更造成政府體制的錯亂。

造成整個社會如此激烈爭議的一部協議，我們唯一可以確認的，只有我方的簽字者是誰。至於是誰主導、策劃這次談判，是基於什麼戰略思維，有什麼整體產業政策，始終沒有任何人出面。

您安排政府這一任負責對中國大陸工作的主要兩個人上台時，輿論莫不對他們的經驗、能力與聲望是否適任而提出質疑。後來大家願意看他們的白紙是否果然能別有內容，但經此一役，足知白紙果然是白紙。於是我們只能看到您在經濟部長或工業局長或他們的陪同下，全省奔波地出席一場場瑣碎的說明會，不但浪費國家資源，並且完全錯亂政府體制。

您歷經兩次選戰，應該最清楚台灣有大約四成的人是對對岸一直抱有疑懼之心，對政府和對岸簽署任何協議都有巨大的不安。所以政府在如何決定兩岸政策上，應凝聚全民最大共識。這也是我們當初建議政府要主動建立和立法院在野黨說明、溝通的機制。

您不作此圖，竟然在現有民意支持度只有百分之十五的狀況下，不經過民主程序，光以黑箱作業就執意簽署一個影響兩千三百萬人身家性命的《兩岸服務貿易協議》，而它對台灣經濟成長率的貢獻，不過百分之零點零二五到零點零三四，只能讓人聯想到兩個可能：不是獨裁，就是愚不可及。

此外，近日來您以一國總統之尊，在公開場合指稱反對服貿的意見，不堪一擊；又以特定學者爲目標，指稱其造謠，均可謂極不得體。首先，民選政府的首長，本就應該傾聽異議的聲音，化解人民的疑慮，您不但不知移樽就教，或理性辯論，竟然挾總統之尊在媒體上的龐大話語優勢，如此對待個別的異議學者，也只能讓人聯想到兩個可能：不是獨裁，就是愚不可及。

基於以上，我已說明我要辭去總統府國策顧問一職的理由。

最後，我還是有些提醒與請託，以請參考。

我的提醒是：今天社會因服貿協議而生的種種爭議及臆測，其責任是要您負的；如果民間的聲音和力量逼使政府不得不重啓談判，果眞對我國國際形象或其後和他國談判造成不便，付出這個代價的責任，也是您要負的；如果當眞因這些耽擱而拉開我國與其他競爭鄰國的差距，這個責任也還是您要負的。因爲如果政府事先是公開、透明的作業，和產業有過充分的溝通，對社會和國安衝擊有過評估與說明，許多爭議是可以事先避免的，重啓談判是可以避免的，耽誤也是可以避免的。

我的請託則有二。

一是：以後再聽到民間的異議或批評，請不要再說那固定的一句「謝謝指教」。畢竟，全民付您五百萬元年俸，國家給您一年兩兆元預算，不是任您再三犯錯、道歉之後，只是輕描淡寫的一句「謝謝指教」。

我們期待您的是：身爲總統，能夠爲我們的將來未雨綢繆，而不是永遠只是奔波救火，只會「謝謝指教」。

二是：政府在兩岸服貿協議所造成的風暴中，目前還有挽救的機會，請及早回頭。

您以兼任國民黨主席的身分，請務必不要再以黨意壓迫立法委員只是形式上的逐條審查、逐條表決，而實際上仍然是投票部隊。所有相關的產業，政府應該逐一辦好完整的公聽會，其後由行政部門做好產業衝擊影響評估、社會衝擊影響評估、國家安全衝擊影響評估，再理性地審查與表決。如此才可望免除社會可能的動盪，免除中華民國可能的危險，不要到最後一刻連補救的機會都沒有。

謝謝您讀完這一封比較長的辭職信。

再見。

郝明義　謹上

中華民國一百零二年七月三十一日

後續發展

我離開立法院之後，先去院外赴一個約。這段時間，我從黃國昌那裡得知有學生參與反黑箱服貿的情況。也曾經和林飛帆開過一次會。在我去參加立法院公聽會的前夕，我收到一位呂家華的來信，邀我在發言出來後，和立法院外的學生說一下話。

我去了，沒看到人。後來得知他們以為下午沒有公聽會，就先散了。今天重看他們來邀請我的信，很有意思。「佔領立院。奪回未來」的標題，其實已經做了預告。只是當時沒人知道。

事實上，那時我在紐約開拓了許久的市場，也到了很關鍵的時刻。現在國策顧問辭了。我覺得自己能做的也都做了，就趕快回紐約吧。出了立法院之後，我就往機場去了。

二〇一三年九月四日

馬英九打的辯論算盤

「用常識看服貿」之二

寫作背景

回到紐約，網路上有關服貿的新聞還是不斷跳進眼裡。一方面，我看到有鄭秀玲、黃國昌他們繼續鬥志高昂地奮戰。尤其秀玲繼續就「實踐民主審議　重啟服貿談判」的連署努力，和瞿海源教授等開了第二次記者會。同時，她又主催了在台大召開的一系列《兩岸服務貿易協議》主題的研討會。

研討會的主題，有的緊扣之前被大家注目的領域，也有新開發的。這個系列基本上每周一次，雖然沒有許多一般大眾媒體報導，但是《自由時報》一直追蹤，可以說一直把反黑箱服貿的火把熊熊地燃燒著。

另一方面，我可以感受到馬總統急切地想要讓服貿協議在立法院過關。

他繼續到處政令宣導。他還是一國總統帶著一個陸委會主委到處奔波，推動一個理應行政院長或經建會主委或財經政務委員負責的事務。不但如此，他還接受電視的專訪，當別人提到年輕人失業問題的時候，他會接道：「是啊，所以要推服貿」。

馬總統也就一些陸資要進入的行業進行辯護，說那是現行大陸人民來台投資條例中就早已經開放的。他不思乘機修補大陸人民來台投資條例的漏失，卻反而拿來當作這些危機應該繼續存在的理由了。此外，准許來台的陸資放在大陸人民來台投資條例裡，和放在服貿協議裡，兩者效力完全不同。前者是我們的單方條例，日後隨時可以要改就改；而後者是兩岸的協議，也就是條約，不是我們要改就能改的。

當時，我在紐約還有多件重大工作、事務壓在身上。白天忙一整天，晚上回家正好接上台北時間，打開網路看新聞，日夜延燒。

當時有一天晚上的場景永難忘記。明明夏天正熱，但有天夜裡我就是覺得寒冷。冷到牙齒都會打顫。是那種你知道有些時刻再親密的人也幫不上忙，只有你一個人面對的那種孤獨。

期間，因為龍應台繼續說服貿協議裡沒有包括出版業的發言，我寫過一篇文章。再來聽說馬總統要邀請蘇貞昌就服貿協議進行電視辯論，我覺得裡頭問題很大，就試著寫一個「用常識看服貿」的系列。

這是發表的第二篇。

六月二十日政務委員薛琦跟我解釋服貿協議的時候，我問他：「你們這樣事先完全不知會民進黨，不怕他們激烈抗議？」薛琦回了一句：「反正他們逢中必反。」

服貿風暴起來之後，不論民間抗議的聲音如何多元，以經建會主委管中閔爲代表的政府官員，總想定性爲「問題出在政治人物」，把問題給標籤化、簡化爲藍綠對立。

馬英九總統要跟蘇貞昌主席辯論，是這個思路的延續。

馬英九說他想電視辯論，是因爲目前政府對服貿的解釋「都是局部，不是全面」。兩個小時的電視辯論裡，馬英九的講話時間不過一個小時或再多一點。如果馬英九花這麼一點時間說的話，就能比整個行政團隊兩個多月的努力都更全面，也更清楚，他可以把整個行政院解散了。

馬英九要辯論的眞正著眼點是：

一、政府這次蒙蔽國會的黑箱作業，違反民主程序，是一種偷竊民意的行爲。現在民進黨願意跟他就這件事情來辯論，可以讓他把黑箱漂白，有台階下。

二、馬蘇電視辯論，可以眞正把服貿協議標籤化和簡化爲藍綠對決。一旦藍綠對決，觀眾的反應與其說是針對政策議題而來，更大程度是針對馬蘇兩個人而來。很多藍營的人，對服貿雖然有疑慮，但是看蘇貞昌在反服貿，聯想到民進黨和陳水扁，反應就可能不同。辯論後的民調，他很可能就還是支持馬。

三、服貿協議造成這麼多抗議，政府各部門有太多漏洞要交代和說明。現在由馬英九一個人出來辯，可以轉移焦點，減輕所有部會的補洞工作，把各部會原有的責任都模糊化。

蘇貞昌本來不必接這個碴。但他說辯論可以激起社會大眾的注意，並且要馬英九無法迴避。這可能很難。看馬英九最近的談話，就知道他不會眞正回應挑戰，而只揀他想回答的說。像蒙蔽國會的黑箱作業這麼一個民主社會的常識問題，馬英九就仍然拿些談判的技術性問題來轉移焦點。同黨的立法院長王金平在最近的演講裡特別提到「行政部門的專擅很要不得」，他都不理會，怎麼可能和你的辯論有交集？

馬英九也不會擔心蘇貞昌咄咄逼人。蘇貞昌越咄咄逼人，藍綠對決的氛圍越高越好，也正好可以讓他氣定神閒地總結一句民進黨「逢中必反」。

所以，電視辯論只是馬英九的煙幕彈。他要搶在立法院開議之前來辯論，眞正的目的是想藉由藍綠對決的氛圍，找回支持他的基本盤，營造一些有利於他的民調，然後才有理由在立法院押著國民黨立委投票部隊前行，把服貿協議全部通過。

關心服貿議題的人，應該注意這場電視辯論，但不能把馬英九的煙幕彈當成眞正的戰場。眞正的戰場還是在立法院。

我們始終應該追究：簽這麼一個對台灣前途影響如此巨大的協議，行政部門怎麼能完全不知會國會，包括同爲執政黨的立法院長？立法院開議之後，我們必須要求行政部門從頭說明，談這個協議的主其事者是誰，用什麼策略談的，爲什麼會出現現在的結果，以及到底會給我們帶來什麼機會，又會給我們產業、社會、國家安全帶來什麼風險。

馬總統想在這些事情都沒交代清楚之前，就由立法院審查和表決通過，是完全不負責任的，也別怪人家懷疑他的動機。

後續發展

我寫了文章，也和蘇貞昌通了電話，但都沒能說服他不要接招。這一方面是因為蘇貞昌自信辯才無礙，可以當場痛擊馬英九，另一方面我認為也和民進黨想在服貿協議上搶回一些主導權有關。

雖然國民黨一心想把民進黨拱成反服貿的根源，但事實上在那過去的兩個月裡，民進黨在服貿議題上始終扮演著跟隨者而非主導者的角色。

在論述上，一直是民間在主導。在草根的行動上，台聯要比民進黨更積極。蘇貞昌想要透過國、民兩黨主席的辯論，重新拿回話語權，是可以理解的。

我們眼看辯論就要上場，馬英九就要照他的計畫繼續下一步的行動，而無從改變。

然而，極其意外地，馬英九自己發動了馬王之爭。政壇掀起風暴，風暴改變了一切事情原定的行徑。

台北許多民間團體準備開記者會，聯合發表一個聲明，呼籲蘇貞昌停止和馬英九的電視辯論。記者會的前一天晚上，我在紐約接到蘇貞昌辦公室傳來的簡訊：蘇主席確定取消辯論。

今天紐約下雪了

二〇一三年十二月十九日

寫作背景

反黑箱服貿之戰，一直是時間之戰。

從政府開始就是，連簽約的日期都當作最高機密，始終不公布。簽約一事被輿論踢爆後，政府就想趕在七月召開的臨時會期裡通過。臨時會期被熬過，他們就想在下一個會期通過。

相反地，我們則是盡一切努力先「不要在這個會期通過」。不過之後又能拖到何時？沒人知道。但起碼就是要先擋下來不過。

一切戰術的目標，都是為了達成能拉長時間，打成持久戰的戰略。

馬王之爭開始，更是個關鍵。

馬英九和王金平的心結當然早就種下了。馬英九想除掉王金平也不是一天兩天的事。然而其導火線，我相信很大可能是因為馬英九對服貿協議在立法院的遲遲不過，按捺不住，覺得如果能把王金平除掉，就能搬開大石。

事實上，由於服貿協議實在太過黑箱，馬政府連立法院內國民黨籍的立法委員，包括王金平在內，沒有一人知道絲毫消息。

「陸委會事前居然完全沒有和國會溝通，包括立法院長王金平、國民黨大小黨鞭都沒有接獲任何訊息，直到簽署協議上網公布後，陸委會才將協議送到他們手中。」（二○一三年六月二十二日《中時》社論「兩岸服貿協議 陸委會閉門造車」）

他們自己同黨的立法委員，包括王金平在內，沒有一個人知道這件事情，當然會反彈。立法院國民黨書記長賴士葆，有一次找出版業者開會，當場說：行政部門這樣搞，把他們蒙在鼓裡，他們心裡真是XXX。後來賴士葆在交接典禮上更公開而直接地表達了不滿：

「行政部門就在上游拉屎，然後叫他們這個立法委員在底下收屎，還要怪他們擦屎的姿勢不漂亮。」

賴士葆都這麼火大，身為立法院長的王金平可想而知。王金平雖然沒有講得這麼直接，還是可以從新聞中看出端倪。八月底，王金平在一次演講中提到「行政部門的專擅很要不得」。

因此，配合著馬總統頻頻講話，接受電視專訪，又安排和蘇貞昌的電視辯論，一連串的攻勢之後，接著爆發對王金平趕盡殺絕，毫無緩衝時間，也完全不留情面，我相信是因為馬英九急於推動服貿協議，逮到一個自認為絕佳的機會和理由，就不留任何餘地。馬總統若能把王金平拔掉，自然就可以擺平立法院內所有不滿服貿黑箱作業的立法委員。那是殺一猴而儆眾雞。

我和黃國昌討論了我們的立場。我們都同意，如果關說屬實的話，王金平和柯建銘兩個人都該下台。但我們都看出：如果王金平下台，馬英九一定會立即直接把手伸進立法院，押著沒人敢再吭聲的國民黨立委把服貿協議通過。

我們都不認識王金平。王金平人在國外，新聞上也沒有任何消息。

我問國昌，有沒有什麼可以破解馬英九攻勢的方法。他說有。但是在關說案情不明朗之前，他不會告訴王金平。

我建議他就寫在臉書上，寫了之後，大家一定會大量轉貼。這樣就可以比較容易讓王金平看到，既不違背我們的原則，也可以達到我們不希望馬英九把手伸進立法院的目的了。

國昌同意。在九月十日貼了一文，從法律觀點指出怎麼破解馬英九開除王金平黨籍的方法。

我不知道王金平是否真的因為看了國昌的文章而採取他的法律訴訟策略。但後來王金平走的路子，完全吻合國昌當時在臉書上的分析。

對我而言，在馬王之爭以前，反黑箱服貿主要是戰術面的思考。戰略面只有一點：拉長時間。

馬王之爭開始，並很快以馬英九鎩羽告一段落之後，我們終於可以看清一個目標：拉長時間，最好能拉到二〇一四年的六都選舉。我們相信：經過民意這麼久的沸騰，只要我們能把時間拉長到一年以後，大可以透過選票對國民黨的教訓來翻盤。

有了這麼一個方向和目標，所有中途的計畫和方法就都比較明確。

黃國昌和賴中強認為，立法院那個會期，只要請民進黨守住即可。因為有總質詢又有預算要審，再加上馬王之爭的大氣候改變，這應該不難。

我自己，要把所有論辯的精力保存下來，留待下個會期。

於是，我停止發表任何有關服貿協議的文章。

停止了半年之久。

那年年底，紐約酷寒，大雪不停。

台北傳來一個邀請，要我接受採訪，談一下反服貿。我說人在紐約，回不去，我自己錄一段影好了。

於是我請同事幫我用手機拍，自己再加拍一些，配上旁白，剪輯成這一則〈今天紐約下雪了〉。

今天紐約下雪了，開車上班要格外小心。

很多人問我：你都快六十歲了，幹嘛要這麼辛苦地到紐約去打天下。夢想和現實的理由都有。我就是想看一下在數位時代裡，一個台灣的出版業者有沒有可能轉型，開拓全球市場。

我想，企業經營要設定一個方向去挑戰，國家更是。

正因爲環境惡劣，所以政府接受人民的付託，更要冷靜、前瞻，充滿勇氣地開創新局，而不是沒有方向、沒有策略，只想貪小便宜，走些看起來容易、事實上充滿陷阱十分危險的路子。

我從來都不反對和中國大陸來往和合作，但是絕不能接受像現在我們政府這樣，一心求助於中國大陸來刺激自己救不起來的經濟，不惜引兵入關，毫不顧慮對我們國家、社會的危害，對台灣本土許多產業帶來毀滅性的衝擊。

我們是一個民主社會。

可是我們的政府怎麼會黑箱作業，簽下一個充滿各種不對等的服貿協議？

怎麼從來都不面對人民的疑慮，坦誠地檢討這個協議的致命危機？

爲什麼要堅決主張這個協議任何條文都不能修改？

過去這幾年，這個政府的所作所爲，早已證明他們的無能與短視。

他們以頻繁的道歉為能事，其實根本不知道道歉的眞正意思是什麼。

他們不知道要把台灣帶往什麼方向，卻又跟我們保證羊入虎口沒有問題。

我們能任憑這些人來毀滅台灣嗎？當然不能。

我們要清楚地告訴他們：台灣再辛苦，有自己的路可以走。你們哪，你們這些無能的政客，就別想唬弄我們了！就別想出賣我們了！

我們一定要打破他們的妄想！

我們已經走了這麼長的路，我們會成功的！

（圖片來源：作者提供）

後續發展

後來這段影片和其他人的發言合併，剪成一個短片，在 YouTube 上可以看得到：https://www.youtube.com/watch?v=M6jbR_yIWFo。

有人說背景音樂很好聽，問我是誰的。

那是劉索拉的〈酒狂〉。演奏者是巫娜。我在北京的時候，曾經跟巫娜學了幾天古琴。謝謝索拉同意讓我使用。

在越走越近與越離越遠之間

二〇一四年三月九日

給習近平主席有關兩岸服貿協議的公開信

寫作背景

在停止發表任何有關服貿協議文章那半年，我一面忙自己的工作，一面觀察情勢的發展。

這段時間，我主要和黃國昌、賴中強透過網路開過幾次會。每隔一段時間，檢查服貿協議在立法院裡的情況，以及國民黨和民進黨的動態。

我是那幾個月才認識賴中強的。中強也和國昌一樣，有無窮的精力。同時進行多樣工作，對他也是像呼吸一樣的自然。

我和中強的聯繫不像和國昌那麼密切，但是每次開會，中強都讓我留下深刻的印象。中強是律師，所以不但對法條相關事項十分清楚，對立法院的議事規則瞭若指掌，更對各政黨在立法院的動靜隨時保有最新情報。

我之所以安心地有半年不再談任何服貿的事情，主要就是因為透過和他們的會議，設定了工作方向和方法。

我們每次都依照最新的局勢，推測國民黨的可能行動，再討論因應之道。

我們都同意把戰局拉到二〇一四年十一月的六都選舉，讓服貿的議題成為選舉的重點。一直沒有發言權的許多人民，屆時一定會用選票教訓國民黨。

要拉進十一月底的選舉，就必須先拉進九月的國會會期。所以，我們判斷真正的決戰點會是在二月底開始的新會期。

各種跡象都在證明，馬總統就是想要在二〇一四年的APEC會上有一場馬習會。光是為了證明他真的還在當家作主，以取得入場券，他就得在上半年擺平服貿。雖然馬王之爭後，馬英九元氣大傷，但畢竟他還是總統兼黨主席，有大量的資源可用。

總之，知道了關鍵點在二〇一四年三月之後，我就開始準備寫兩封信，當作重開戰局之用。

第一封，是給習近平的。第二封，是給馬英九的。時間逐漸過去。二〇一三年過去了。二〇一四年一月、二月過去了。

國昌跟我說，民進黨所開的服貿協議公聽會，最後一場再也沒法延後地定於三月十日。公聽會結束後，國民黨必將全力發動攻擊。

到了該發出兩封信的時候了。

因而定於三月九日先在香港《明報》上發表給習主席的信，第二天，三月十日立法院公聽會最後一場那天，再在《自由時報》上發表給馬總統的信。

很多人好奇我為什麼要發表給習近平的信，尤其為什麼要選在給馬英九的信之前。我有兩個著眼點。

第一，當時雖然還完全沒有太陽花的跡象，但我相信服貿協議很可能會被擋下。不知為什麼，回顧一路走來，就是相信。我想應該讓習近平明白台灣的民心所趨，以及他身為中國大陸領導人應該知道的事情，以免繼續製造不必要的衝突。

因此，我不能等到服貿協議真正被擋下之後才寫信給他。那容易產生炫耀的誤會。所以最好的時間點應該在我們和國民黨的決戰還沒開始之前。在許多人看來勝負未定的時刻寫這封信給他，可以不卑不亢。

第二，把給習主席的信發表在給馬總統的信之前，是因為不想分散決戰的焦點。三月十日之後，就是立院的大決戰。一切火力都要集中在對馬總統和對國民黨上，如果那時才發表給習主席的信，會分散大家的注意焦點。

要寫這兩封信的事，因為太敏感，我沒有和任何人商討過。只在發表的前一天，請國昌幫我看了一遍。

這樣，我寄出去了。

習主席：

您好。

冒昧打擾。

因爲兩岸服貿協議在我們立法院進入關鍵時刻，並且讀了您二月份對台灣來賓的致辭有感，所以寫信給您。

服貿協議卡著沒過，我們執政黨一直歸因於在野黨特定政治意識的對抗。

這種說法，模糊焦點，也偏離事實。服貿協議在台灣激起巨大的反對聲浪，源頭主要來自民間人士及團體。在野黨的論述與行動，事實上屢屢落後於民間，甚至可謂在民間壓力下被動而爲。

民間反對的原因，光譜甚廣。我只是其中之一，所言不足代表全部。但也因爲我一向積極尋求也促進兩岸的合作機會，甚至還曾全家在北京住過五年，所以如果連我這樣立場的人都要爲反對這個版本的服貿協議而發聲，其中或許有些觀點可供參考。

台灣很多人，不是反對兩岸服貿協議，而是反對政府簽下了一份問題如此之多的兩岸服貿協議。我是其中之一。

我們看到的問題，其大者有五：

一、黑箱作業

我們是個行政與立法相互制衡的民主社會。兩岸之間的協議是何等大事，政府卻一直不肯接受合乎憲政程序的立法或組織來監督。這次服貿協議更是連執政黨立委都全部蒙在鼓裡。完全破壞我們民主社會的價值觀與信念。

二、罔顧國家安全

例子很多，且舉其一：中國大陸這次開放「建築和相關的工程服務」，看不到開放基礎工程的空隙；但是我們開放的卻是「土木工程的一般建築工作」，把公路開闢與營建、橋梁與隧道管理、電力及電信管線、天然氣、水庫、自來水等數十項基礎工程服務都開放。

三、忽視不對等競爭

兩岸許多產業規模、體制及企業運作的方式都不相同。我們政府不但沒有幫我們爭取到起碼表面上的對等，還更加深了許多實質的不對等。舉其最重要的代表，就是「跨境支付」。照目前這份服貿協議的內容，全中國大陸任何行業的批發、零售業者，都可以在大陸境內就跨境做台灣的生意，而台灣只有一種做零售的「郵購」業者，才可以在台灣跨境接大陸的訂單。

四、忽略社會衝擊

服貿協議裡，我們政府很多「重大輕小」的盲點，重視爲大企業爭取西進中國大陸的機會，卻輕忽台灣小行業、小公司與大陸不對等競爭的劣勢與風險。更有甚者，還爲台灣一些弱勢者的工作製造一些新的額外不對等待遇。

五、虛應故事的公聽會

事前把大家蒙在鼓裡談回來的東西，先是同意辦公聽會之後由立法院逐條審查，現在卻又堅持不能有任何修改，證明辦了幾個月的公聽會根本是虛應故事。何況，兩岸簽署ECFA，本來就是彰顯兩岸特別的關係，有別於WTO或一般國際貿易協定。我們政府平時主張兩岸並非國與國關係，但是到了就服貿協議要逐條審查而修改的時候，他們卻又強調這有違「國際」談判慣例，堅持不能有任何修改。

我們政府怎麼會如此行事，有其原因。只是以我的立場，在給您的信中不便多言。想您可以理解。說過以上的背景，今天寫信給您，有三事以陳，請參考：

一、中國大陸不應因爲台灣有人反對目前的服貿協議，就視之爲敵人。

您在致辭時說了一段話，說您了解台灣的歷史和社會環境，知道台灣的人珍視「現行的社會制度和生活方式，希望過上安寧幸福的生活」，並且「將心比心，推己及人，我們完全理解台灣同胞的心情」。

如上所言，我們許多人站出來監督政府在服貿協議上的問題，正是如此。大家之所以反對目前這個版本的服貿協議，主要在於無法坐視一個民選政府竟能如此罔顧民意，又短視及懈怠至此；更不甘於自己的未來可能被少數政治人物的私心所綁架，所以不能不盡公民與納稅人應有的權利來鞭策他們。

然而，有一位台灣出版同業，在大陸長期耕耘，進出二十多年從沒有問題，最近要申請台胞證加簽參加會議，卻被簽證部門告知短期內不覺得他有去大陸的需要而婉拒。究其原因，我們無法不認爲這是針對他去年服貿協議發言而來。

同樣的，我也接到提醒，說大陸有人因爲我在服貿協議上的立場，已經把我歸類爲台獨派。

我爲之莞薾，也有感觸。

台獨，是中國大陸一直最敏感的議題。聽您最近的談話，也特別再次提到「兩岸雙方要鞏固堅持『九二共識』、反對『台獨』的共同基礎」之重要。

近五年來，誠如您所言，兩岸選擇了和平發展之路，開創了前所未有的新局面。但也就在這兩岸達到最好的和平交流的同一時間，台灣選擇承認自己是台灣人而不是中國人的比例，卻也從二〇〇八年的百分之四十八點四，高漲到二〇一三年的百分之五十七點五[1]。

為什麼兩岸在越走越近的同時，卻有更多的台灣人選擇越離越遠？值得兩岸政府深思，非我所能竟言。

接下來，台灣民間各種監督服貿協議的聲音和行動，還會繼續。如果中國大陸政府更多涉及實際事務的官員，也能有像您對台灣的理解，知道這都是我們對台灣生活的價值觀與信念之堅持，那會是一件比較好的事情。

二、服貿這麼簽，不只對台灣不利，對中國大陸也不利。

兩岸過去主要以砲彈來相互敵對，今天主要以銀彈來彼此較量。不論是以砲彈或銀彈，台灣都有資源較少的侷限。

過去兩岸砲彈相對的時候，很多人就說拿下一個廢墟的台灣有何用。同樣的，今天銀彈相爭的時代，一如上述分析，這個版本的服貿協議如此容易讓台灣被中國大陸所淹沒，其實不但不利於台灣，也不利於大陸。如此被沒入中國大陸的台灣，將不過是一個相當於大陸三線省市的台灣，不如雞肋。

去年我寫過一篇文章，談到「台灣很小，大陸很大，雙方眞要長久和平，需要透過實力的較勁來進行相互的合作。這裡的較勁，不是爲了敵對，而是爲了讓雙方彼此知道對方的實力與價值。對台灣來說，只有較勁而沒有合作，會形成無謂的衝突；只有合作而沒有較勁，會在不知不覺中養成倚賴而被淹沒。只有通過實力的較勁而相互合作，中國大陸才會眞正尊重我們，需要我們」[2]。

我也相信：中國大陸如果眞正尊重一個「通過實力的較勁而相互合作」的台灣，那我們也可以提供中國大陸任何其他省市都無法提供的資源和動能。

中國大陸近來的經濟發展，確實在全球都發揮了千年一遇的作用和影響力。所以我還相信，如果照您所言，中國大陸「願意首先同台灣同胞分享大陸發展的機遇」，讓台灣公開、公平地參與發展，這千年一遇的機會還會有更不同的發展。

三、中國大陸應該主動對服貿協議釋出可以調整的彈性與善意。

很多大陸官員一直在說，不明白爲什麼對台灣讓利如此之多的協議，台灣人卻不領情。

這封信前述的說明，希望有助他們理解。

您二月的致辭裡，說了一句話：「讓廣大台灣同胞特別是基層民眾都能更多享受到兩岸關係和平發展帶來的好處。」很感謝您特別提到對台灣「基層民眾」的注意，尤其當天的台灣賓客還都是一時權貴。

的確，這個版本的服貿協議對台灣廣大基層民眾的衝擊和影響，正是目前我們最在意的問題之一。

所以如果眞爲台灣著想的話，中國大陸政府不妨多耐心等待我們自己把問題釐清。當然，如果中國大陸能主動表達願意調整的彈性，更好。

目前還有人一直催促的理由，是說台灣錯過這次服貿協議，可能會讓一些競爭國家在大陸搶佔先機。但是如果當眞「兩岸一家親」，這個問題應該不難解決。

如果兩岸和平發展的好處，可以讓人確實感受到不只是爲權者、貴者、大企業所享，而能讓台灣更多基層民眾享受到，我相信越走越近的同時卻又越離越遠的現象，也就有機會改善。

感謝撥冗閱讀此信。並祝

政安

郝明義　謹上

又及：去年七月，我們台灣的出版產業上下游，針對服貿協議做過一次完整的調查及公聽會報告。不論和我們政府還是民間其他各產業所做的相比，這一份都是比較完整的。在此也附上，並請參閱 http://savetaiwanreading.com/?p=121。

[1] 台灣政大選舉中心「台灣民眾台灣人/中國人認同趨勢分布一九九二—二〇一三年六月」。

[2]〈一個國策顧問的兩封信之一：方向是唯一的解答〉，《天下雜誌》二〇一三年一月。

後續發展

本文發表於三月九日香港《明報》。之後不到十天，發生了太陽花學運。

二〇一四年三月十日

馬總統不賣台，但是在滅台的原因

我們對服貿協議應該採取的行動

寫作背景

寫這篇文章的主要背景，我在前一篇都講過了。這裡談一下最後定稿的過程。文章原來也是以給馬總統公開信的形式寫的，但怎麼寫都不對勁。後來決定改換為一篇文章。

這樣的話，最後要設定什麼訴求？

當時的國會氛圍，是在表決大戰即將來臨。所以我有兩個寫作可能。

一個是訴諸群眾動員，告訴國民黨立法委員不要當投票部隊，鼓勵大家採取任何可能的抗議手段，包括走上街頭。

另一個，就是後來我決定寫的。不再細談服貿，也不著眼於技術性抗爭的細節，而是點出根本問題的核心：

「馬總統和他的小圈圈想自己操弄兩岸事務的議題，始終不肯接受合乎憲政程序的立法或組織來監督，是所有問題的根源。立法委員不要輕賤自己，就趕快立法再審服貿協議。否則，有什麼基礎審？怎麼審？」

我對《兩岸協議監督條例》的認識與接觸，都是過去幾個月和國昌與中強他們開會而來。

也因為有了體會，所以才想到：如果沒有這個法，就算民進黨要努力把關，就算國民黨也改變心意，到底要怎麼審？

我和國昌討論後，他贊成我如此訴求。民進黨邀他出席三月十日立法院的最後一場公聽會，他原來不打算去。但是他看了我的文章，改變主意，決定那天帶著這篇文章去立法院朗讀一遍，也好留在國會裡當個歷史紀錄。

我在三月九日那一天把稿子改了好多遍才定稿。報社的截稿時限都快過了，我才發給一再催促的《自由時報》副總編鄒景雯。

但也因為忙中有漏，我給《自由時報》的版本裡漏了一句話：「罔顧國家安全——他是在消滅中華民國。」

這句話補在第二天我給黃國昌帶去立法院的版本。

以下就是立法院的版本。

去年初，我寫了篇〈方向是唯一的解答〉[1]，提醒馬總統施政的重點不能混亂又前後不一。如果他始終講不出國家的發展方向，卻整天喊「拚經濟」，拿一些數據來強調自己的努力，「形同一個司機始終在原地打轉，但卻不斷炫耀他的車速碼表在加快。」

馬總統看了之後，約我單獨一談。我給了他一些方法上的建議。

之後，沒見下文。四個月後，馬總統連全體執政黨立委都蒙在鼓裡，簽下了「兩岸服貿協議」。很多人質疑馬總統存心賣台。我不這麼認爲。但是我相信他如此行事，終將滅台——消滅台灣。這是他缺乏方向思考的能力、小圈子用人習慣，以及黑箱決策，三個連環套環環相扣所形成的結果。

◎

對於服貿，馬總統有兩句常講的話：「服貿協議通過，台灣才有機會加入一些區域經濟協定；加入區域經濟協定，台灣的經濟才有活路。」

但，事實是：有自己發展方向和利基的國家，加入某些區域經濟協定，如虎添翼；否則，加入再多區域經濟協定，也是病貓。菲律賓和柬埔寨可是加入RCEP的，但又如何呢？安倍上台前的日本加入的區域經濟協定可不比其他國家少，怎麼會出現消失的二十年？安倍上台三箭，爲什麼又改變了一切？都是方向。有方向地拚經濟，才有進展；沒有方向地拚經濟，就是原地旋轉籠裡把自己累死的天竺鼠。

至於說服貿協議不通過，台灣就加入不了TPP與RCEP，那是在愚民。TPP和RCEP是兩個互別苗頭的區域經濟協定。TPP是美國在當老大，RCEP是中國有影響力，兩者在互別苗頭。我們政府在去年底之前，鮮少表態要積極加入TPP。去年過於熱中往中國傾斜，被美國盯上了，這才開始強調TPP。事實上，連蕭萬長在公開演講都承認：在TPP，是我們可以幫中國大陸講話[2]。馬總統故意把TPP與RCEP混為一談，又故意把服貿協議的簽訂和能否加入TPP混為一談，是混淆焦點。

我不是反服貿。我自己更從來都積極尋求並促進兩岸的各種合作機會。和很多其他人一樣，我是反對政府簽下了一份問題如此嚴重的兩岸服貿協議。

連政府本身公布的報告，都承認服貿對台灣經濟成長率的貢獻不過百分之零點零二五到零點零三四。可是為了這麼一點微不足道的數字，台灣要承擔根本不成比例的風險與傷害。嚴重者有五：

一、黑箱作業

兩岸之間的協議是何等大事，政府卻一直不肯接受合乎憲政程序的立法或組織來監督。這次服貿協議更是連執政黨立委都全部蒙在鼓裡。完全破壞我們民主社會的價值觀與信念。

二、罔顧國家安全

例子太多，舉其一：中國大陸向我們開放的是一般建築相關的工程服務；但我們向對岸開放的卻是基礎工程，包含了公路開闢與營建、橋梁與隧道管理、電力及電信管線、天然氣、水庫、自來水等數十項。

三、忽視不對等競爭

我們政府不但忽視兩岸許多產業規模、體制及企業運作的方式的不對等，還更加深了許多實質的不對等。最重要的代表，就是「跨境支付」。照目前這份服貿協議的內容，全中國大陸任何行業的批發、零售業者，都可以在大陸境內就跨境做台灣的生意，而台灣只有一種做零售的「郵購」業者，才可以在台灣跨境接大陸的訂單。

四、忽略社會衝擊

服貿協議裡，我們政府很多「重大輕小」的盲點，重視為大企業爭取西進中國大陸的機會，卻輕忽台灣小行業、小公司與大陸不對等競爭的劣勢與風險。更有甚者，還為台灣一些弱勢者的工作製造一些新的額外不對等待遇。尤其，二十萬美元就可以來投資的低門檻，加上還有人支持他們來置產，對我們大量平均只有四個人工作的小生意業者，後續衝擊太大。

五、虛假又傲慢的堅持

先是同意辦公聽會之後由立法院逐條審查，現在卻又堅持不能有任何修改，證明辦了幾個月的公聽會根本是虛應故事。再者，馬總統平時主張兩岸並非國與國關係，但是到了就服貿協議要逐條審查而修改的時候，他卻又強調這有違「國際」談判慣例，堅持不能有任何修改。何況，即使「國際」，也有許多前例可循。

馬總統，到底為何要堅持通過這種服貿協議？這得回溯他沒有方向的這一點上。

馬總統缺乏方向思考的能力固然是弱點，但他嗜愛小圈圈用人的習慣，問題更大。小圈圈裡看出他這個弱點，又可以為他出謀畫策的人，很容易操控他，成為他的寄生腦。

沒人希望大家知道他是倚賴寄生腦生存，加上任何寄生的東西都趨向於暗地成長，所以這種封閉的小圈圈，自然會衍生出黑箱決策、摸黑行事的特質。連行政院長的去職，都可以半夜發新聞稿爲之。其他荒誕，不必贅言。服貿協議事前把他們同黨的立法委員都蒙在鼓裡，其實不必太訝異，因爲他們從來也沒打算和小圈圈以外的人分享決策。

當然，這種行事風格是要付出代價的。其結果是，馬總統就任五年來，除了無從實現他承諾的六三三之外，還把實質薪資所得倒退了十八年，國家負債暴增，自己的民意支持度也跌到了百分之九點二。和他剛就任時的聲望及資源相對照，他把自己走進了窮途末路。

也因此，馬總統眞心相信服貿協議是他的救命丹。

救命丹的用途之一，是他認爲這可以救他救不起的經濟。去年他接受電視台專訪，談到對年輕人看不到出路，而道歉。但他也說了他認爲的解方：「用服貿協議來增加工作機會。」

救命丹的用途之二，是幫他拿到「馬習會」的入場券。馬習會成眞，一舉多得。可以使他多些年底七合一選舉的籌碼，鞏固他在國民黨內的地位，又可以持續延伸其卸任後的影響力。

這個民意支持度走入谷底的人，把馬習會當成他僅剩一年多任期時間裡唯一翻盤的機會。所以，民間再激烈反對，他也要堅持隻字不改，押著國民黨立委把服貿協議照單全部通過。不惜任何代價。

許多危險，還不是來自對岸的。馬總統許多作爲一直在破壞我們賴以安身立命的信心、價值觀和制度。

政府官員只相信大陸是台灣經濟的救命丹——他是在消滅我們整個國家突破困局的視野與信心。始終不肯讓兩岸服貿協議的談判接受立法監督——他是在破壞民主政府的憲政體制，也讓兩岸來往的條件充滿失控的危機。

罔顧國家安全——他是在消滅中華民國。

這樣下去，我說馬總統終將滅台——消滅台灣，原因在此。

現在是我們說「不」的時候了。是我們對立法委員要講出我們要求的時候了。

馬總統和他的小圈圈想自己操弄兩岸事務的議題，始終不肯接受合乎憲政程序的立法或組織來監督，是所有問題的根源。立法委員不要輕賤自己，就趕快立法再審服貿。否則，有什麼基礎審？怎麼審？

公聽會開了好幾個月，結束後，立法院應該要求行政部門拿出完整的國安、產業、社會衝擊的評估報告。否則，你們怎麼回答我們民間已經整理出的這麼多風險和問題？拿什麼資料審？

我們從來都不知道政府規劃、主談服貿協議的人是誰。過去，薛琦政務委員還「似乎」是負責主持協調的人。現在內閣改組，薛琦下台了。我們連有關服貿協議的主事者是誰都不清楚，你們要問什麼人去審？

國民黨立委，請你們不要被押著當投票部隊。你們的總理，你們的總裁交給你們的遺產，不能這樣被糟蹋。別當歷史的罪人。

在野黨的立委，請不要失去理想性。你們在立法院把服貿卡到現在，值得肯定。但接下來的決戰，不能只靠議事台上的軀體衝撞。想佔據戰略高點，必須先站穩你們在憲政程序上的高度。有了這個高度，才能取得更多人支持你們的衝撞。

對於民間的朋友：馬英九爲了延長他自己的政治生命，要在三月就逼著服貿協議照本通過。我們面對政客黑暗的私心，不能只是成群結隊地裝聾作啞，任其操弄。

去年，運將劉進義自殺。他留下遺書說：「謝謝馬英九，給了我一個機會，做出一個最難的決定」。讓這個版本的服貿就此生效的話，台灣眾多的升斗小民，不知還有多少人要留下像劉進義這樣的遺書。

爲了自己和後代的安身立命，我們要跨出拯救自己的第一步。

[1]〈一個國策顧問的兩封信之一：方向是唯一的解答〉，《天下雜誌》二〇一三年一月。

[2]〈台灣參與TPP的經濟戰略意涵〉，《聯合報》二〇一三年十二月十六日。

後續發展

我寫的和服貿協議有關的文章裡，唯有這一篇是發表之後讓我有些不安的。最大的不安，是擔心文章的方向會不會錯了。在那個國民黨和民進黨與台聯準備為服貿協議在國會進行逐條審查的焦土戰時刻，我把文章的主調拉高到先定《兩岸協議監督立法條例》再審服貿協議，會不會太高調，太不切實際？能讓國民黨同意逐條審查都該慶幸了，還要主張先立法再審查？

我打電話問國昌去立法院的情況，也說了我的擔心。國昌很簡短地回我：「沒有錯。

就是應該把主調拉高。你這一篇文章是衝鋒的號角。」
再來是一位親近的朋友。她認為馬英九再怎麼說還是總統，我把話說得太重了。
到三月十七日張慶忠的「半分忠」事件爆發前，我的確是有那麼幾天在琢磨是否如此。

文章發表後，經濟部當天發布新聞，還出面反駁我所說服貿協議存在的五個危機。我針對他們的說法，另寫了一篇〈政府罔顧國家安全的證明〉。

這篇文章激起的回響很大。甚至，有個政黨透過人來問我可否授權給他們印製傳單使用。我說他們可以直接用《自由時報》的版型，鄒景雯也同意，但後來並無下文。

我們是寒凍大地的一株小草

二〇一四年三月二十日

寫作背景

我和黃國昌、賴中強針對三月立法院的決戰做了各種沙盤演練。我們的焦點還是在如何拉長作戰時間，如何鼓舞民進黨和台聯採取焦土作戰。

我問他們國民黨有沒有可能採取什麼激烈的手段，譬如反悔當初逐條審查的承諾，國昌和中強都說不可能，國民黨承受不起那種政治代價。

我問他們是什麼代價，他們一時也解釋不清。

「總之，國民黨雖然笨，但不至於做出這種損人不利己，傷害自己的事啦。」

之後的情況，就是大家都知道的了。三月十七日，千算萬算，誰也意料不到張慶忠上不了主席台，趁亂自己躲到一根柱子後頭三十秒，就宣布「開會，將服貿協議案送院會存查」。

那真是一棒子把人打傻的感覺。

在推行民主這麼久、議會政治也實行這麼久的台灣，有人能這麼明目張膽地把國會議事規則踐踏至此？

實在太不可思議。不可思議到連憤怒都幾乎忘了。

我打電話給國昌。他在電話那一頭也是說不出話來。而緊接著，已經是江宜樺代表行政院向張慶忠的辛勞致謝，準備慶功了。

三月十八日，紐約是晴天。早上，我去NYU勘查一個合作辦活動的場地。大約中午回到家，電黃國昌不通，就和柯一正聯絡。

一正做反核的「我是人，我反核」，再持續進行「四五六」活動，我們才在前一天開始接上頭，討論如何讓反核和反黑箱服貿的力量合流。

稍早我知道有學生到立法院前抗議，也知道一正在現場，所以就問他現在情況。

「學生衝進立法院了，佔領立法院了。」

我打開電腦，在灑滿陽光的窗前，透過那個夾腳拖固定住的iPad轉播鏡頭，看到了正在忙著布置會場的學生。

我很喜歡亞瑟．潘（Arthur Penn）這位導演。尤其喜歡他有一部叫作《四個朋友》（*Four Friends*）的作品。

這部電影裡有一幕是這樣的。曾經充滿理想的主角，大學畢業後歷經波折，落魄地訪問舊日的同學。酒醉睡了一夜之後，早上醒來同學不在屋裡，靜悄悄的家

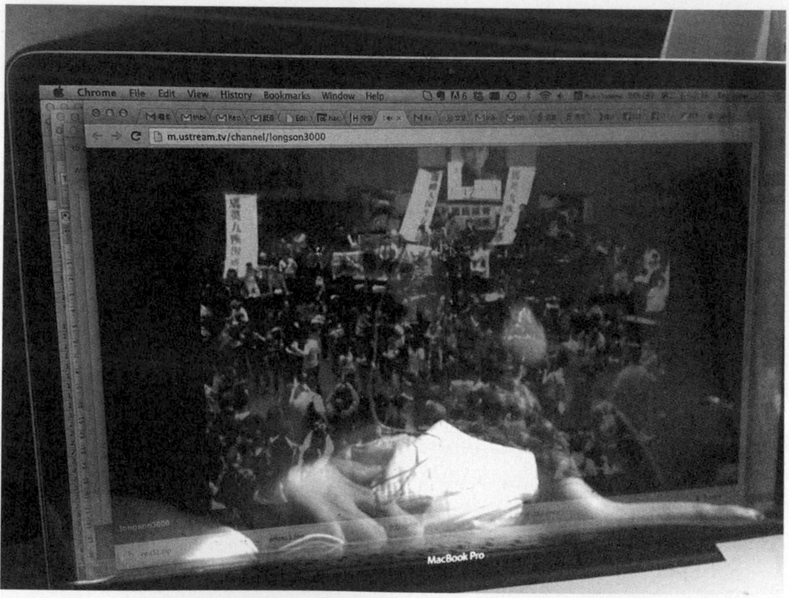

圖片來源：作者提供

裡只有黑白電視螢幕在沙沙作響。
他看看播放的內容。一個太空人在月球上跨步走著。電視台的主播正在見證這個偉大的時刻：「這是我的一小步，人類的一大步。」
男主角的熱淚湧了上來，那是他們當年的夢想。
「你們真的做到了！你們真的做到了！」他輕聲地說著。
那一刻，我也有那種感受。

有人說你們霸佔了神聖的國會，做了暴力的示範。
有人說你們是為反對而反對，踐踏了民主殿堂。
有人說你們是被政客利用，未來沒有希望。
請相信：你們不是。
你們只是在寒凍大地裡掙扎出來的一株小草。

但小草的顏色和四周的黑暗相比如此鮮明，小草破土的聲音和四周的腐朽相比如此有力，所以有人不理解，有人受到驚嚇，有人想把你們踩回土裡，有人希望你們縮回土裡。

請不要。

因爲一如你們，我們已經受夠了這無邊的黑暗和腐朽。

我們受夠了政客每四年一次用力地來握我們的手，但之後每次卻更用力地傷痛了我們的心。

我們受夠了政客每次戴著俊朗溫暖的面具來敲我們的門，等上台了就肆意地賣弄他們的愚蠢與鴨霸。

我們受夠了政客接受我們的委託，執政了就喪失理想，在野了就失去志氣；還有些時候，只有私利的相互勾結。

我們更受夠了這次國民黨透過黑箱的服貿協議，事前事後都破壞國會的程序正義、監督機制，更把台灣幾十年辛苦建立起來的憲政制度和民主精神毀於一旦，從各方面把這個國家帶入險境。

大地寒凍，崩壞在即。

但就在這黑暗之中，我們看到一株小草勃然迸起。無從預料，前所未見。

任何人想要評論你們的行動，應該先讀前大法官楊建華的一段話：「如『議決』、『通過』之程序可以省略，則立法院是否爲人民選出代表之『合議體組織』，即成問題，此尚有何『民主』、

『議會』、『立法』可言。」（請看黃丞儀所寫〈反對「指鹿爲馬」的假民主〉一文。）

所以，這一次是馬英九總統指揮一群甘於自廢職權、自棄人民付託的國民黨立法委員破壞了議會政治。是他們踐踏了民主，把國會運作的精神、機制和功能毀於一旦，事後再狡言強辯，不但羞辱台灣幾十年來爲民主發展而犧牲奉獻的前人，也把台灣今後民主政治的遊戲規則破壞殆盡。

而你們，不是霸佔國會，你們是爲受傷慘重的中華民國國會爭取最後一口續命的機會。

你們不是使用暴力，你們是在給蠻橫的國民黨執政者，以及可能尚存良知的國民黨立法委員一個強烈的提醒。

你們不是破壞民主殿堂，你們是在殿堂之上呼喊民主的精神和重要。

這就是小草迸現的意義與價值。

我們相信：因爲這株小草，新機已經啓動。

只是在春天來臨之前，還有太多變化、危險的因素。

所以，請注意，請小心。

除了堅持你們平和但不動搖的原則之外，一株才剛冒出地面的小草，需要蓄積、也善用自己的能量。

要誰下台負責是應該，可再換上來的人也難免不是畏葸柔靡之輩。要誰道歉也應該，但厚顏的政客對道歉早已沒有羞恥之心。

所以，最重要的，還是請善用這個機會，讓更多的人認清中華民國的國會，這次被國民黨主席及他所強押的國民黨立法委員，破壞了什麼，以及破壞到什麼程度。

你們也該善用服貿協議這個明確的案例，要求國會建立權責相符的監督機制和程序，爲現任者戒，也爲未來者鑑。

現在全台灣有百分之七十的人都知道也同意國會對服貿協議應該逐條審查。

你們應該繼續讓大家明白：爲什麼在逐條審查之前，還必須先通過「兩岸協議簽訂與監督條例」的立法；爲什麼要立法之後才有確實逐條審查的根據；以及馬英九總統爲什麼一直刻意把各方呼籲立法的這個條例壓著不動；最後，如何打破他強加的枷鎖。

我們當然會支持你們，也參與你們。

因爲不論我們在不在現場，不論我們是不是學生，不論我們是哪些不同年紀在做哪些不同工作的人，我們也都是在寒凍大地裡想要掙扎出來的一株小草。

你們就是我們。

台北今天下大雨。

雨中，春雷就該響了。

讓我們共同呼喚一個新的春天，也讓春天歡迎我們的茁壯。

中華民國一百零三年三月

後續發展

這篇文章發表後，香港《主場新聞》轉載。

太陽花佔領立法院幾天後，基於政府沒有回應，說要擴大戰線，號召包圍各地國民黨黨部。

因此我在三月二十一日回應他們的聲明，又寫了〈小草莫忘初衷〉一文，提醒他們：「你們站上民主殿堂，是為了捍衛這個殿堂所代表的民主精神和價值。千萬不要從這個殿堂發出重歸街頭衝突的號召。那會破壞你們以及所有人的共同努力。」

二〇一四年三月二十三日

小心馬總統與其閣員的另類語言暴力

在馬總統記者會後給各位同學和老師的建議

寫作背景

馬政府在整個服貿事件中，除了黑箱作業、破壞體制等問題之外，最引人爭議，也經常惹人惱怒的，就是始終不和你正面對話，而自說自話。

我在寫龍應台的那篇文章〈龍應台做了很不好的示範〉裡，已經把這種說話方式形容為「答錄機」風格。你說話，他也回話，但始終是固定的、反覆的那幾句。你怎麼指出他這幾句話裡的漏洞，怎麼端出證據指出他的說法不成立，怎麼希望他回答你的問題，都沒用。他們仍然繼續重複。

不只我一個人有這種感覺。很多人談到這一點時，都在好奇明明一個個才智過人的閣員，在服貿事件裡都像是喝了孟婆湯，把昔日的俊朗聰慧都忘了個乾淨，而只知道鸚鵡學舌地說話。

學生佔領立法院之後，三月二十三日那一天連續有江宜樺行政院長來到立法院，當晚又有馬總統舉行記者會。

我看了相關報導後，突然體會到這種始終不和你正面對話，一再重複自己固定說詞的方式，儘管語氣柔和，臉上帶著笑容，但其實是一種語言暴力。他們沒有對你橫眉怒目，但他們希望惹得你橫眉怒目。所以我稱之為「另類語言暴力」。

我不希望原來就容易激動的年輕人中了計，因此寫了這篇文章。

在中華民國國會殿堂裡的同學：

周星馳的《月宮寶盒》裡，有一段很經典的畫面，就是唐僧對著牛魔王派來看管他的兩個小魔不斷地反覆嘮叨同樣的話，最後那兩位小弟被念得受不了了，乾脆拔刀自殺。那麼溫柔的反覆叮嚀，最後能把人逼死，所以我稱之謂「另類語言暴力」。

看完馬總統的三十五分鐘記者會，我馬上想到了這也是「另類語言暴力」。學生佔領國會五天後，他終於要說明他對服貿的看法，舉國甚至舉世關注，結果他出場講的所有的話都是過去所講過的東西，內容及語氣都不斷跳針。難怪當他只想回答三個問題就開溜的時候引起記者的騷動，勉強多回答了三個問題要離開的時候，仍然多人嗆聲。

政府一再重複講自己想講的東西，始終不肯針對別人的質疑正面回應，是服貿協議爭議從去年六月底至今，九個月時間裡讓風暴越演越大的根本原因。他們這種發言，我曾經稱之爲「答錄機語言」，就是每次都重複自己固定的那幾句話。我還認識一位朋友形容爲「密室回音」式發言，也就是把門窗緊閉，完全不理會外界，然後自己講得越來越大聲，就自覺得越來越理直氣壯。

江院長昨天用的，也是這個套路。

江院長去見你們，現場被打斷七次，許多人可能把他看作弱勢的一方。但是看新聞，江宜樺回行政院後召開記者會，「花了相當篇幅澄清外界對服貿協議的質疑，強調目前反對意見均基於誤導的訊息，民眾不應根據錯誤訊息做決策。」

請注意，江院長說的不是「有些意見」或「許多意見」有誤導的問題，而是「反對意見均基於誤導的訊息」。九個月來，這麼多不同產業的業者、學者、專家歷經這麼多公聽會，不同的空間，來表達了這麼多意見；你們佔領國會五天，場內場外這麼多老師、同學的發言，他們一律否認，說是「均基於誤導的訊息」。他們就是不承認自己有半點錯誤。

今天馬總統的記者會也是一樣。他反覆說的，都是我們聽膩了的套詞。所有你針對他早已反駁過的話，他根本不理，只說他想說的。

我只挑一樣來舉例吧。

今天馬總統又在強調的一點是：許多產業在五年前就已經開放中資來台投資，從過去經驗來看，都管控得很好，沒發生什麼問題，所以爲什麼要擔心這次的開放呢？

這一點，包括我在內的許多人早就反駁過：五年前開始開放給陸資的，根據的是《大陸地區人民來台投資許可辦法》。這是我們經濟部訂的一個單向辦法，其效力是我們政府可以隨時改變的。換句話說，有一天執政黨換人了，要改這個辦法就可以改。但現在簽的是「兩岸服務貿易協議」。這是一個雙方的「協議」，生效了之後，我們的執政黨不論是換誰，都得繼續承認這個協議。所以，很多人都舉證說明過，中國大陸就是要等這個「協議」生效後，才大舉來台投資，因爲那時他們的投資才正式取得法律保障（目前很多已經來台的中資都先偃旗息鼓，低調無比，也是同理。他們要等到服貿協議生效後，才會正式大規模活動）。

可不論是我們的政府官員，還是今天在記者會上的馬總統，都仍然完全不理會民間的這些反駁與提醒，完全像個答錄機似的重複他們一再說的：「過去開放了五年都沒問題，所以未來也沒有問題。」

他們對許多問題的回答實在太過跳針，所以網路上有人做了一個「小敏，有看過服貿跳針嗎？」，大家可以去看看。

我聽說各位在馬總統記者會前嚴陣以待，準備仔細研究他的發言，再做全面回應。而記者會後，已經有朋友跟我說，他空洞而沒有誠意的談話，已經激起大家更多的不滿。所以我趕快寫這封信，是想提醒各位一件事情：千萬不要爲他的虛應故事、跳針回答而感到不滿，更千萬不要憤怒。不論是馬總統還是江院長，現在用的都是「另類語言暴力」。客客氣氣，柔柔和和，但就是空洞沒有一物，然後等著看你要不要氣死。在他們的算盤裡，你們最好就像周星馳電影裡的那兩個小弟，乾脆自捅一刀。或者，你們被激怒，要採取更激烈的動作，那他們就會說：「咦，你暴力喲！」所以，千萬不要中計。不要生氣，不要激動，不要憤怒。那要怎麼辦呢？我的建議是：放輕鬆，就在立法院原地和他們長期抗戰。他們對自己的政策和立場如此嘻皮笑臉，對自己破壞議會政治的暴行如此顧左右而言他，你們就好好利用機會，跟許多老師一起，繼續爲我們的社會說明服貿潛伏的危險是什麼，再把政府答錄機裡的跳針回答，以及其漏洞一個個找出來公布，用上網或演講的方式，讓更多人理解。以發展到現在的情況來說，你們不激動、不亂衝，他們就沒有動用警察或什麼的正當理由。場外那麼多人支持你們，他們不敢動。馬總統不是說尊重立法院王院長來解決嗎？你們就等王院長來解決。只要你們不激動、不亂衝，不給有心人找到滋事的藉口，不讓那個藉口爆發出衝突，全國這麼多人支持你們走到了這裡，一定會繼續支持你們的。

過去九個月來，馬總統和他的閣員以爲他們的「另類語言暴力」好用，用到今天搞出這麼大的民憤，還是不覺悟，要繼續用，一定會嘗到更大的苦果。

所以時間站在你們，也是我們這邊，不在他們那邊。如果你們需要看《月宮寶盒》，也是個

好主意。我自己看了好幾遍，有上下集，眞是好電影。祝

順利

郝明義

於台北時間三月二十三日下午十二點三十分的紐約

後續發展

很遺憾地，已經把跳針式回答、答錄機式回答視作自己特色的馬政府，沒有在這件事情上有任何改變。

太陽花運動再大的影響，也沒能改變這一點。

所以後來在學生即將撤出立法院的前一天，我又寫了一篇文章，名曰：〈這是駱駝，不是鹿茸〉。

我是這麼說的：

世界上原來有兩種人。

第一種人，是看到沙漠裡露出一隻像尾巴的東西，就知道那底下埋藏了一隻駱駝。

第二種人，是必須沿著尾巴挖下去，直到整隻駱駝露出來，才承認那是一隻駱駝。

馬總統和他的許多閣員，讓我們見識到世界上原來還有第三種人。

那就是你把整隻駱駝挖了出來端到他眼前，他看一看會說：「這是鹿茸。」

讓我們許自己一個遠大的理想

二〇一四年三月二十六日

對太陽花學生運動的同學所說的話

寫作背景

太陽花運動起來的一個星期後，我回到了台灣。黃國昌邀我去立法院議場為學生打打氣，並且安排了我在立法院外兩處場地對大家說說話。

我在立法院議場說的話，事先有準備講稿；另兩場沒有，有很多即席發言。所以這是當天在三個場地說的話的綜合整理版，但以立法院議場的為主。標題是事後取的。

反黑箱服貿的過程中，我很希望和柯一正發起的「不要核四，五六行動」結合。就在 2014 年 3 月初，我和他接上頭，討論如果一起可以做些什麼。也就在此時，太陽花學運爆發，他第一時間用簡訊通知我。這張照片，則是我回到台北後，我們兩個一起合拍的第一張照片。（陳季芳攝影）

各位同學：

大家好，我是郝明義，我受邀來跟同學說說話。

首先，我們來想一下，爲何我們今天會來到這裡？爲何事情會發展出今天這個情況？

其實就兩個原因。一個是服貿，這是長期的；另一個就是張慶忠那關鍵的三十秒，是那三十秒引爆了大家對服貿長期以來的憤怒不滿。

我們先談服貿。服貿講了九個月了，江院長到昨天的記者會，還是說「反對意見均基於誤導的訊息」，請注意他不是說「有些」或「很多」，而是「均」。所以政府到現在還沒打開就服貿問題誠懇對話的門；而很多人到現在也可能並不清楚服貿是怎樣的議題。

我想用最簡單的方式，來說一下我們可以如何探討服貿。有四個重點：

首先，是和產業利益相關的專業議題。例如，出版業、金融、醫療……各個行業都不同。一般人很難全盤了解各個產業的事情，這個部分應該留給各個產業裡的人先各自探討，再做整體比較，我們先擱下不談。但是另外有三件事情，是不分任何產業的人，都可以一起關心的共同議題。這就是「程序正義」、「國家安全」、「社會公義」。

服貿的基本議題之一：程序正義

民主社會之所以和其他社會不同，就是因爲我們重視程序正義。沒有程序正義就沒有實質正義。政府要與其他國家締結協議，必須要符合程序。如果這個程序被違反了、漠視了，那這個協議本身就是不合理，甚至是不法的存在。

服貿一開始就違反程序正義。到今天，政府還是不承認服貿有黑箱作業。那我們爲什麼不聽聽國民黨立法委員自己說些什麼？去年七月，當時的立法院國民黨團書記長賴士葆跟我說，在服貿協議這件事情上，行政院把所有國民黨立法委員都蒙在鼓裡，所以他們每個人都覺得很「XXX」（這是他自己的用語）。或者，你們找一下去年九月中旬，賴士葆在他書記長的交接典禮上說了什麼：「行政部門老是在上游拉屎，底下都清不乾淨，還說我們清的姿勢不好。」

你能惹得同黨的立法委員如此憤怒，就可以知道政府的黑箱作業有多嚴重，程序正義違反得多嚴重。可是很奇怪的，直到今天，馬總統就是不承認。

馬總統禮拜天說，服貿不過，韓國就會超越我們等等。如果眞是這樣，責任也是他的。我在去年請辭國策顧問的信裡面就告訴馬總統：你沒有走該走的程序，所有的責任是你要負的。就像是在搭巴士，政府是司機，沒有程序正義就是闖了紅燈，現在被人民抗議，像是開罰單而停下來動不了。司機指著窗外，嚷著說：「不要開罰單了，快開車，再不開都要被別人超車了！」如果眞的被超車了，責任是誰要負？不是那個闖紅燈的司機嗎？所以這是馬總統該負責的。

很多人說，國民黨這一次學乖了，政府學乖了，這次先讓它過，下次他們會改進。不行，不能如此。現在我跟大家講一個我對服貿這麼憤怒的理由，以前我沒有公開說過的理由。

去年一月底，媒體在夜裡接到一張來自總統府的傳眞說：「黨政高層表示，內閣人事將有所異動。行政院長內定將由江宜樺出任，行政院副院長內定將由毛治國出任。」（見下圖，「東森新聞」二〇一四年二月一日）

當時很多媒體都說爭議太大，說這破壞體制，我當時看了這則新聞也很氣惱。中華民國哪條法律說行政院長的任免大事，是可以夜裡由一個不具名的「黨政高層」發一封傳眞來通知的？

馬總統口口聲聲說要「依法行事」、「法治治國」。這叫哪門子的「依法行事」、「法治治國」？這個「黨政高層」是誰？眞是不三不四。所以當時我一看到服貿的事，就心想，爲什麼我那時沒有對這種國家元首公然違反法治程序的事發

0131總統府新聞稿

黨政高層表示，內閣人事將有所異動。行政院長內定將由江宜樺出任，行政院副院長內定將由毛治國出任。

過去一年，馬英九總統肯定陳冲院長所領導的行政團隊，特別是在全球經濟陷入低迷的情況下，行政團隊仍奮力端出各項經濟振興方案，為台灣拼經濟，並推出多項改革政策。

圖片來源：作者提供

言？政府做錯事，你不指責他，他就會得寸進尺。我們一月沒有指責馬總統放任一個「黨政高層」出來干政，六月就得看著他們膽敢去簽一個連他們同黨立法委員都被完全蒙在鼓裡的兩岸服貿協議。所以，我們必須監督政府，當它一違反程序正義，我們就該予以制止！不然，它下一次就會再犯！等你們工作、進入社會，記得做什麼事都要守住程序正義，程序正義是區別民主國家跟其他社會體制的根本要素。

服貿的基本議題之二：國家安全

聽了馬總統在禮拜天記者會上的發言（雖然很短），我非常懷疑我們是不是應該稱呼他爲馬局長而不是馬總統，馬英九國貿局長。他講的每一句話都應該是國貿局長在講的話，而不是站在一個國家總統的立場在講話。

一國總統，光顧著講簽這個服貿對經濟有什麼好處，完全不回應大家對其中涉及國家安全的顧慮，不是很奇怪嗎？任何一個上市場買菜的家庭主婦都知道，要去買一個罐頭、買一種食品，不能只看它的價格，而不注意它的食品安全；每一個去買手機電池的人都知道，不能只看它的價錢，要注意電池的安全。

爲什麼一個國家在簽這個協議的時候，竟然不用注意國家安全？在政府還沒有對國家安全給大家一個答覆之前，也是不能讓它隨便通過。

服貿的基本議題之三：社會公義

在一個社會裡，我們要想的事情不應該光是我自己有錢賺、有飯吃、可以做全世界的生意就可以了。我們總要想一想，在我們有這麼大的本領、擁有這麼豐富的資源，可以利用這個機會賺這麼多錢之外，社會上有沒有其他人、其他一些弱勢的人，根本就承受不起服貿對他們的衝擊？或者，他們根本無從發聲？或者，給他們發聲的機會他們都難以表達？

我們要注意這件事情。

我相信今天在場的各位同學，在你們同輩大學生裡面也一定是佼佼者。你們將來也是有很好的機會可以賺到比較多的錢，有比較好的事業，但你們卻衝到這裡來了。我相信你們在關切的，也一定是這個社會上有沒有其他人在這個服貿協議裡受到不平等待遇，甚至更差的待遇。

我舉個例子。在這次服貿協議裡面，要開放一個「老人及身心障礙者福利機構」的服務。在台灣做這類服務工作，一定得是非營利組織。但這次服貿讓中資進來，卻可以讓他們是營利事業。我請教過殘障聯盟秘書長王榮璋，如果中資以營利方式來經營身心障礙者福利機構會有什麼影響。他說國內因爲是非營利的關係，各家主要基於理想和奉獻的精神在做這些事，彼此不構成威脅。

但是一旦有營利的單位加入則不同。營利事業可以一開始先用遠較便宜的價格提供服務，等其他競爭者倒掉，自己再調回價格。他們爲了創造收入，就需要擴大客源，積極搶生意；又爲了創造利潤，就需要節省成本。而所有的節省成本，不是調整從業人員的薪資，就是可能影響服務的品質，使被服務者的待遇受影響。其他行業，被服務者受到比較差的待遇時會反應、會抗議，但是身心障礙者則難以表達，尤其是植物人。因此這種影響不能從其他一般行業的觀點來判斷。

我相信，這次服貿協議裡對弱勢團體有這種不公平待遇的地方不只這一點。這都是我們要注意的社會不公義的地方。

總之，我從來不反對和中國大陸簽服貿。大陸離我們如此之近，市場規模又如此之大，不和他們來往是不可能的。但是在這個版本的服貿協議裡，有太多沒有考慮到這三個基本原則的問題。許多產業的產業利益不對等問題，還都沒談。所以我絕對不贊成這個版本的服貿協議。

談過服貿的原因之後，我們來看看引爆這次佔領國會的三十秒問題。

民主政治的發展進程，就是從砍人頭到數人頭，從比拳頭到比口頭，從街頭走到議場。國民黨在台灣民主發展歷程上，由蔣經國先生解嚴而積累的所有正面能量與形象，都被張慶忠那三十秒所摧毀。他可以自己一個人躲到廁所旁的柱子後面自己宣布開會又宣布通過又結束，三十秒。

可是我們的行政院還馬上感謝其辛勞，一副深表嘉許的樣子。可張慶忠那三十秒是摧毀了議會政治的遊戲規則，打開了台灣的異議者又要重歸街頭衝突的潘朵拉的盒子。

所以我說：你們的衝撞是在提醒大家，國民黨的張慶忠打破了民主政治的最後一道底線。你們也預示了台灣社會將因議事過程被破壞而走上街頭衝突的危險。所以我在〈我們是寒凍大地的一株小草〉說：

「你們不是霸佔國會，你們是幫受傷慘重的中華民國國會爭取最後一口續命的機會。

你們不是使用暴力，你們是在給蠻橫的國民黨執政者最後一個柔和的提醒。

你們不是破壞民主殿堂，你們是在殿堂之上再次提醒民主的精神和原則。」

你們絕不是台灣版的茉莉花運動。茉莉花運動死多少人？全世界各地的學生運動都有石塊和汽油彈當武器，我們學生有什麼？你們只有「躺下來」的絕招。還說這樣的學生運動暴力？好意思嗎？

今天很多人看著這個孫中山先生注視的議場，被你們這些學生佔據，貼了這麼多亂七八糟的海報，製造了這麼多混亂而難受。

我都會提醒他們：過去的乾淨，只是偽善，只是藏污納垢。如果不是國會長期存在那麼多骯髒的勾結，朝野兩黨都令我們如此失望，爲什麼那麼多人都覺得立法院是政府運作的一大亂源？

只是過去再怎麼有問題，國會還維持了些基本的運作，而張慶忠的醜陋三十秒卻是對這最基本的議事規則都來了個當眾強暴。

我們能不憤怒嗎？

所以，任何人看到這些海報和髒亂場景而沒法接受，首先都該先想想事情的緣起：國民黨和張慶忠那不堪入目的三十秒。

現在，因爲你們的這次學生運動，台灣沒有人不知道服貿的嚴重性，你們也完成了讓百分之八十的台灣人都了解了得先立法再審查的必要性。爲什麼要先立法再審查？沒有立法，就沒有審查的根據；沒有審查的根據，所謂逐條審查又只是逐條混亂的衝突。

所以我要說：接下來，不管你們怎樣離開這會場，我都要說你們勝利了。任何情況下，你們都不必沮喪。你們已經提醒了整個社會張慶忠那三十秒對憲政的危害，以及服貿在黑箱作業裡可能產生的危害。

就這一點來說，太陽花運動已經達到成果，你們可以很稱許自己的努力。

昨天當我要離開紐約的時候，收到一位台大同學的來訊。我摘要最後的重點如下：

「最後，想說的是我和身邊朋友的心聲，我們憤怒的，撇開那些既得利益者的自私與蒙騙不說，是不甘心，不甘心必須親眼目睹自己的國家不爭氣的民主墮落，在屬於我們的時代，而我們什麼也沒能改變。」

我要在這裡這麼回答他：

「沒有。你說錯了。你們不使用石頭，不使用汽油瓶，用你們獨一無二的『躺下去』絕招，創造了前所未見的學運。你們絕不是台灣的茉莉花版學運，你們是全球獨創的太陽花學運。」

「你們凸顯了政府處理服貿協議的問題，你們還撞響了張慶忠那三十秒對台灣民主政治造成何等破壞的警鐘。」

「你們已經勝利！你們已經改變了一切！」

「現在，是我們整個社會都該用不同於過去的思維，來重新改造我們的政治體制，重建我們的價值觀，開創我們新的未來了！」

對於你們青春熱血衝出來完成的這些事情，我應該表達一些心意，但不該說感謝。因爲這本來就是社會裡每個公民都該做的事情，說感謝並不得當。

我只能提醒兩件事情，當作一種回報。

第一，莫忘初衷。

一定要時刻記住你們是怎麼來到這裡的。你們堅持的是平和、理性。面對任何語言的暴力、各種政治上的暴力，都一定要平和、理性，但是對自己堅持的不退縮。

莫忘你們的初衷。

任何情況下，我們都不要做我們唾棄的那些人的所作所爲。所以莫忘初衷還有一個意思是，等將來你們畢業，出了社會，甚至自己也進入了政治領域，不要忘記這個運動的精神，不要讓你自己成爲你現在所討厭的那些政治人物。還有，今天聽說，爲了反服貿，很多人在臉書上互刪好友，這事萬萬不可。

大家爲什麼反服貿？起因之一，正是政府的決策不溝通，一意孤行。我們鄙視這樣的行爲、這樣的人，那我們怎麼可以做這樣的事，而變成拒絕交流、溝通的人？在場的各位，關心公共事務，將來極可能從政。政治得聆聽、交流、溝通，現在就應該開始，怎麼可以刪掉臉書上的異見？

這也是莫忘初衷。

第二，記住一個時刻，一個可以讓自己溫暖、勇敢的時刻。

在這麼波瀾萬千的歷史性時間裡，要記住一個時刻，在你們未來的人生裡面可以讓你們回想起來感到溫暖、希望的時刻。

我有過這麼一個時刻。

一九七四年，我十八歲，從韓國來台灣。晚上走出松山機場，外頭在下雨。我拄著枴杖，站在一個路燈下。抬頭看，路燈上方的雨絲落得很慢，下降到一個地方，突然加速。而燈外的世界，一片黑暗。黑暗裡有著未知的恐懼，但也躍動著新的可能，甚至讓我感受到不是被吞沒而是被擁抱的溫暖。我今年五十八歲，但我的心理年齡永遠停留在那一刻，我十八歲的那一刻。而以後的人生不管遇到任何困難和挑戰，我都讓自己回想起那一個時刻——我怎麼走進黑暗的時刻。

而後來，台灣給了我成長的路上所有的機會和養分。一個一無所有、身體還不方便的人，在這裡能成家立業，一路來到這裡，這是一個多麼溫暖而開放的社會啊。這也是我特別有感於台灣的美好價值之處。

所以，我要告訴各位，請記住一個時刻。這也許是你躺在這個議場地板上的一個時刻，也許是你和同伴在爭論的一個時刻，也許是你難過地痛哭的一個時刻，也許是你疲累地走出立法院卻看到天邊一顆星星的時刻，一定有個時刻，讓你感受到溫暖與希望。

只要記住這個時刻，日後你回想起來的時候，就會想起這些勇氣和力量。你也會知道，自己是可以一個人面對全世界的。

比較細節的建議是，你們如果有機會見到馬總統，應該問問他這兩件事：

一、去年一月那個黨政高層來發布行政院長任免的消息。馬總統應該知道那個黨政高層是誰。他口口聲聲說要依法行事，那就問他這麼大的事情，是根據什麼法可以這麼做。

二、問他對張慶忠那三十秒的立場。馬總統記者會那天，有人問他這個問題，他顧左右而言他。現在國民黨說要同意回歸審查委員會，這也不能只是同意回歸。同意回歸就是認錯了。既然是認錯了，到底是怎麼錯的？誰要負責？總該有個正式說明。

最後我要感謝一些人。

大家說我去年開了反服貿的第一槍。但是如果不是有那麼多人接下來做那麼多的事，我那一槍什麼也不是。

鄭秀玲教授說她在洗頭髮的時候看到我第一封公開信，開始投入。我因爲她，不但接觸了許多出版業以外領域的情況，也認識了黃國昌、賴中強、徐元春等人，又因爲鄭教授及她連結的眾多學界及社會各界人士持續舉辦的各種討論會，而對服貿的內容有了更多的認識。是他們把反服貿的火把持續燃燒到你們這次產生的大爆炸。和他們的付出相比，長時間在海外的我，微不足道。

我在去年七月底辭去國策顧問之後，就去了美國。我對數位出版進行了一場長達十四年的探索，最近五年尤其佔據了我主要的工作時間。我一直想要透過我的探索，來證明一個台灣的傳統出版業者，也可以在數位和網路時代進軍全球市場，所以我很多時間不在台灣。但接下來不論我在不在台灣，都會繼續透過 email 和臉書等，和大家保持聯絡。網路可以做的事很多，柯一正導演和我正是個例子。

今天之前，我和他從未晤面。但是從各位進入國會的那一天起，因爲柯導第一時間也進入國會，我和他透過 email 取得聯絡，立刻成爲「老友」。

我也想對台灣的社會大眾說一些話。

學生佔領國會，對很多人來說，這實在是太大的心理衝擊。我會建議，大家不妨把這個當作是重新反省的機會。

爲什麼我們的政治走到這個地步？爲什麼我們的政府決策會一路粗糙到這個地步？爲什麼我們國會的制衡和運作機制會癱瘓到這個地步？爲什麼我們的國家元首會一意孤行到今天這個地步？

我們要反省的絕不只是服貿的問題。服貿只是冰山的一角。

我們也應該正面面對年輕世代以這麼特別的方法佔領國會的事實，來省視自己過去長期習以爲常的思考和行爲過程中，到底僵化了什麼。

我們更應該以服貿爲起點，重新思考台灣在兩岸來往中，應該如何保持自己哪些珍貴的價值觀，又如何建構哪些新的價值觀。

不要因爲服貿而覺得這是多大危機，我們應該運用這次契機，重新許自己一個遠大的理想，重新改造中華民國。

今年是甲午年。兩個甲子一百二十年前的那一年，是台灣烙上各種恥辱符號的開始。今年又逢甲午，正好是我們可以除去這些烙印的開始。

後續發展

三月三十日，五十萬人上凱道的那一天，主辦單位再度邀我上台說話。

我自己事先沒有文字稿，講後網路上有人幫我聽打，整理了一份稿件。

如果要看那天我的錄影，請看這裡：https://goo.gl/6W9bV9。

如果要看那天我講話的聽打稿，請看這裡：https://goo.gl/rHxt8K。

326 立法院外向學生演講。（陳季芳攝影）

事情是這樣的

二〇一四年四月二日

百人太陽花創作的邀請信

寫作背景

太陽花學運期間，我自己最緊張的一天是四月一日。當天白狼號召反反服貿遊行，很多人都擔心萬一有流血衝突、場面失控。而那天的前一個晚上，因為對這件事情的擔心，所以我想到：「為什麼要怕黑暗呢？黑暗來了，光明也該出動啊！」

因此我連夜開始邀請一百個人來創作太陽花的計畫。

第二天中午，我和黃國昌見面，問他情況如何。他很篤定地說沒問題。

當天下午，我和一些廣告、行銷界的高手開會，他們想要對學生提供一些助力。會快要開完的時候，上網一看，才知道現場沒有見紅，倒是紅了來來哥。大家都很開心。

但是因為邀請創作的事情已經啟動，而各方的回應十分熱烈，所以百人創作太陽花的計畫就繼續推展了。

翻攝自「百人太陽花計畫官網」http://www.savetaiwan.net/

三月三十一日晚上，我接到徐莉玲電話。她問我知不知道第二天白狼要帶兩千人去立法院的事。我說知道。她就問我該怎麼辦，要做些什麼事。

我們都同意的是：白狼出這個頭，又會有張慶忠效果。一定又給反服貿的運動更加添柴加火。但是我們都擔心學生萬一受傷的後果，眞是整個台灣都難以承受的悲劇。徐莉玲說到這裡，在電話那一頭哭了起來。然後她說要再打聽一下情況，就掛了電話。

那天晚上回到家，先忙了些別的事，然後快十一點的時候，我忽然有了找一百個人畫太陽花的想法。黑道要在四月一日下午兩點帶人去立法院，那我們在那之前能不能讓一百朵太陽花先亮起來，然後把更多的太陽花叫起來呢？黑暗來了，光明也該出動啊！

我打電話給徐莉玲，她贊成。朱學恒早在一星期前就說有什麼活動算他一份。然後我問了聶永眞的聯絡方式，請他也加入。柯一正當然也同意，只是說當天太晚，要到天亮才能聯絡。

我早就申請好了一個 SaveTaiwan.net 的域名，一直沒想好做什麼，就沒動。現在有了找一百個人畫太陽花的計畫，就準備連夜趕做。我先睡了幾個小時起來，一查 email，好神奇，聶永眞的第一幅圖已經傳進來了（後來，我給了他文案，他又設計了 logo）。

我本來就打算用 Squarespace 來做這個網站，算是最傻瓜型的作法，但仍然摸了一陣子，並沒有開始。可是看到聶永眞的第一張圖之後，我精神大振，決心不等到天亮才找同事幫忙，先自己動手把網站做出一個輪廓，好讓徐莉玲和柯一正他們去廣邀藝文界朋友。

天亮了。有了各位目前此刻看到的這個網站。只是粗胚。接著大家分頭行動。很多人開始加進來。只是不管怎麼趕，下午兩點前應該還準備不全，加上我們也接到一些消息，對下午的情況比較放心，所以就沒趕在原定的四月一日公布。

可也在這個過程裡，應該是哪位熱心的朋友，把我們原先只開放給邀請對象看的臨時網址公開在FB上，所以很多人在轉發。我昨天整天在開會，到了晚上才發現，有些猶豫要不要先把臨時網址關掉。

然後，今天早上還沒來得及採取行動的時候，就有朋友告知有電視報導了這個網站。

這下子沒得選擇了。雖然一百個人的作品還沒到齊，我看只能先乾脆開放 SaveTaiwan.net 這個網址了。

我們很快會正式開站，公布這個網站要做的事情。在那之前，我們先不把已經放上來的東西隱藏起來，但也不再多加內容了。請大家先保持關注。

關注的同時，你也可以準備。準備創作你自己的太陽花：可以是畫的，可以是攝影，可以用設計，可以雕塑，可以寫一句或一段太陽花的文字。

怎麼畫，怎麼拍，怎麼雕塑，怎麼設計，怎麼寫（手寫、打字）都可以。不論你是否學生，不論你什麼年齡，不論你是否在台北的立法院，不論你是否在台灣——都歡迎。

一人可以創作不只一份。

如果有建議我們要找的人選，或其他意見，都請在這裡的部落格上留言告訴我們，或者寄信 info@SaveTaiwan.net。

郝明義　二〇一四年四月二日下午一時零九分

後續發展

各界對百人創作的熱烈回應，完全出乎我意料。不只有黃春明、姚瑞中、陳芳明、李敏勇、焦元溥、愛亞等人參與，令我感動的，還有童書插畫界的鄭明進先生等人的熱情加入。

我們決定在四月六日那天辦記者會，公布參與者的作品，為學生打氣。恰好，四月六日早上有個突破性的發展，因為王金平進立法院議場探視學生，並承諾在《兩岸協議監督條例》立法之前不審服貿協議。於是，學生開始考慮是否退場。

因而下午百人太陽花創作的記者會上，我對這件新聞的發言有這麼一段重點：

「因為看到這麼多精彩人物的多元回應，所以我說聽到整個社會開始了大合唱。也因此，我認為他們更重要的是聽到這些合唱的回應，來考慮自己要不要光榮地轉進，讓學生運動也進入這整個大社會運動的大合唱裡。這不是終點，反而只是起點。但是學生運動畢竟是他們自己的運動，我還是要尊重他們自己的決定。」

可因為學生考慮退場的新聞太大、太重要，第二天的平面媒體固然都有報導百人太陽花的創作，但是有些媒體的標題下得有誤差，譬如黃春明的一句「把民主棒子交還立院」被大量媒體當作標題，使得他熱心支持學生的本意很容易被誤以為催促學生退場，還有媒體根本就有違事實地下了「藝文界號召創作 籲學生完美退場」這種標題。

看到報導後，有些藝術家來告訴我他們創作的動機被忽視，或被標題扭曲的抱怨。甚至有人要退出。

我身為這個活動的發起人，因而在當晚對各媒體寫了一篇文章，表達我的遺憾，也向媒體做出請託：

「各種反服貿聲音之起點，也是重要的焦點，就是反黑箱作業。這裡政府當然要負責任。但是我也認為，如果有更多媒體，更早也更持續地提醒政府他們在黑箱作業上所犯的錯誤，政府也許可以早點有所收斂，今天的情況也許不至於如此狼狽。

「逝者已矣。衡諸未來，我們社會面對的難題仍然很多。如果說，我們改造自己社會的大合唱正要開始，其中肯定有一塊管樂是屬於媒體的。整個大合唱是否能交響而升，正和媒體的管樂密不可分。

「因為大家對媒體有這麼大的期待，因而在此拜託。」

〈百人太陽花與媒體——在社會大合唱中給媒體的一封信〉，請看這裡：https://fumao.hackpad.com/caI1H23Qwu9。

陸軍怎麼和別人的空軍打？

二〇一四年四月十四日

寫作背景

我原來準備寫的「用常識看服貿」系列，因為馬王之爭而停下觀察。學運開始之後，各方湧起對服貿協議問題的指陳，以及相關討論。也使得我覺得是否多我一個人再談我看到的服貿問題，已沒那麼重要了。

我唯一還想寫寫的議題，是有關「跨境服務」。

服貿協議剛簽好，公布內容的時候，我對一個「跨境提供服務」的術語，研究了很久。

在服貿協議內容公布後，有至少半個多月的時間，我一直在探查這是怎麼回事。

後來我在前陸委會副主委詹志宏先生的引介下，分別請教了政大國際經營與貿易系楊光華、施文真、蔡孟佳三位教授，才終於明白跨境服務到底是怎麼回事，而不對等的開放對台灣整體經濟產生多麼大的衝擊。

因為對這個題目我下了比較多工夫，所以當看過很多人的討論，但總是講得比較複雜的時候，我想到一個淺顯易懂的比喻，就寫了這一篇〈陸軍怎麼和別人的空軍打？〉

這次服貿協議裡，我們政府簽了個極不對等的「跨境服務」（對岸的術語叫「跨境支付」）。一般人看這個名詞可能覺得很深奧，事不關己，但事實上如果服貿協議有必須刪除或調整的排行榜，不對等的「跨境服務」絕對名列前茅。

這麼說吧，服務的型態有幾種。

第一種，是賣方在原地不移動，買方移動。餐廳是代表，等客人上門。

第二種，是買方在原地不移動，賣方移動。建築師是代表，要去各個現場。

第三種，是買方和賣方都在原地不移動，買方送出訂單，賣方遞送服務，誰都不必出門。電子商務是代表。而這第三種服務，就是「跨境服務」。

這次服貿協議裡，我們政府讓中國大陸所有的批發業和零售業，都可以對台灣提供「跨境服務」（見圖一）。

而中國大陸對台灣的所有批發業和零售業，只開放零售業的「郵購」可以對他們提供跨境服務（見圖二。今天還有誰使用「郵購」？）。

這也是爲什麼今天淘寶網可以接受台灣的訂單，而台灣的電子商務網站卻不能接大陸訂單。未來就算服貿協議生效，在不對等的「跨境服務」下，仍然必須去福建開公司才能做生意的原因。

跨境服務的不對等，粗看起來好像受影響的只有電子商務而已，但事實上是任何批發業與零售業都受到影響。

先以我所在的出版業來說好了。目前像我們的博客來、讀冊這些網站沒法賣書到大陸，是大家知道的。但眞正影響深遠的，是台灣未來任何的數位出版，都做不到中國大陸讀者的生意。

數位出版（含雜誌，下同），肯定是出版的未來。數位出版，又是需要投資比較大的。而投資大又値得做的原因，正在於數位出版可以提供「跨境服務」。亞馬遜的電子書可以在全世界都

· 台灣開放給對岸的內容：

服務提供模式：(1)跨境提供服務(2)境外消費(3)商業據點呈現(4)自然人呈現

部門或次部門	市場開放承諾	其他承諾
E.其他 (CPC511+515+518)		
四、配銷服務業		
B.批發交易服務業(CPC622，武器警械及軍事用品、農產品市場交易法所稱之農產品批發市場除外)	(1)沒有限制。 (2)沒有限制。 (3)允許大陸服務提供者在臺灣以獨資、合資、合夥及設立分公司等形式設立商業據點，提供批發交易服務。 (4)同「電腦及其相關服務業」的承諾。	
C.零售服務業 (CPC631、632、6111、6113、6121，武器警械、軍事用品、藥局及藥房除外)	(1)沒有限制。 (2)沒有限制。 (3)允許大陸服務提供者在臺灣以獨資、合資、合夥及設立分公司等形式設立商業據點，提供零售交易服務。 (4)同「電腦及其相關服務業」的承諾。	
D.經銷(CPC8929)	(1)沒有限制。 (2)沒有限制。 (3)允許大陸服務提供者在臺灣以獨資、合資、合夥及設立分公司等形式設立商業據點，提	

圖一

· 對岸開放給台灣的內容：

服務提供模式：(1)跨境交付(2)境外消費(3)商業存在(4)自然人流動

部門或次部門	市場開放承諾	其他承諾
4、分銷服務 B.批發服務[13] (CPC622，不包括鹽和菸草) C.零售服務 (CPC631+632+6111+6113+6121，不	(1)批發服務不作承諾 零售服務除郵購外，不作承諾。 (2)沒有限制 (3) 1.對於同一臺灣服務提供者在大陸累計開設店鋪超過30家的，如經營商品包括農藥、農膜、化肥、糧食、植物油、食糖、棉花等商品，	

圖二

賣得好，正是因爲他們可以「跨境服務」。

但這次服貿協議的不對等跨境服務，斷了台灣數位出版的生路。未來，中國大陸任何出版社的數位版電子書，可以透過他們的網站賣給台灣讀者；但台灣任何出版社的數位版電子書，卻沒法在自己的網站上賣給他們。而出版業者比電子商務網站還慘的是，電子商務網站起碼他們還同意讓你在福建落地。但未來的數位出版呢？

此外，台大林向愷教授提醒我們：台灣的電子商務網站到福建去經營之後，業者必須簽署「年檢承諾書」，承諾不提供「破壞國家統一」或「破壞民族團結」或「破壞社會穩定」的服務，才能得到在全中國範圍內經營的ＩＣＰ許可證。「未來台灣電子商務業赴中設立商業據點後，爲通過ＩＣＰ年度檢查，將形成親中利益集團，更因自我設限與自我檢查而限縮台灣社會言論自由。」林教授說。

連電子商務都會受到這種連帶影響的話，和言論自由有直接關係的數位出版呢？

不談出版，即使和言論自由無關的其他批發業、其他零售業，受的影響難道會小嗎？

在「跨境服務」不對等之下，食衣住行的各種批發或零售業想做對岸的生意，都必須去對岸進行實際的投資，設倉庫、租店面、用人，一樣都少不得。這好比你必須使用陸軍去打登陸戰。

但是你對岸的同業要來台灣和你搶客戶，卻可以使用他們當地既有的倉庫、店面、人力，從網上接單就成交；或者來台灣只要有些基本的投資，就可以使用他們在對岸原有的後勤支援來和你競爭。這好比人家來打你，不但有陸軍，還有空軍加巡弋飛彈。

你用陸軍和人家的空軍打什麼？

後續發展

我的文章發表之後，詹宏志寫了一篇〈兩岸跨境電商的不對等陸軍與空軍之爭〉回應我。

我在整個反黑箱服貿行動中，從來不回應個別民間業者的批評。理由有二：一、民間業者各有自己的出發點；二、今天的問題是政府造成的，和政府辯論都來不及了，沒有時間回應個別的同業。

因為詹宏志的文章直接針對我的文章而寫，所以後來我也因此再寫了一篇〈再談陸軍怎麼打別人的空軍〉回應詹宏志。

二〇一四年十一月十四日

要拚經濟，政府得有方向

中韓FTA之後的課題

寫作背景

太陽花學運之後，國民黨政府的氣勢大挫。他們知道自己儘管在立法院仍然佔有多數席次，但是在《兩岸協議監督條例》，以及服貿協議上，已經無法為所欲為。

從某些方面來說，所有我們當初設定阻擋服貿協議通過的戰略和戰術，都已經達到目的。立院進入了二〇一四年九月的會期。十一月底的六都大選即將來臨，國民黨立委也都進入忙碌期，很難有人認真執行他們馬主席的指令了。

很多人告訴我：可以先不理會他們了。

但是基於馬政府特殊而奇異的「跳針回答」和「答錄機回答」哲學中所透露的那種執著，我總保持著警覺。我總覺得需要年底的六都選舉揭曉之後，有些事情才能真正比較心安。

在這樣的情況下，到了十一月中旬，我看到國民黨立法委員又要把擱下很久的《兩岸協議監督條例》拿出來覆議時，就繃緊了神經。看看報紙新聞，民進黨固然在阻擋，但是我總覺得哪裡不對勁。

我跟一個人打聽，果然民進黨也有意在十一月二十一日把《兩岸協議監督條例》付委審查。因為我聽到一個說法是：「先立法再審查幾乎是全社會的共識，民進黨可以在條文上有意見，但是連審查都不開始的話，恐怕也會有壓力」。

但是我總相信再半個月，等到六都選舉的結果揭曉，國民黨一定會受到教訓。在國民黨真正嘗到教訓之前，我認為對他們有任何退讓，都會讓他們接收到錯誤的訊息。而畢竟，他們還是佔有國會多數席位。

因此，我在六都選舉之前趕寫了這篇文章，發表在《聯合報》。

中韓完成FTA談判之後，國內有人感受到壓力，並呼籲正視，是應該的。但是像馬總統又聚焦於在野黨卡住服貿協議，國民黨又要趕在立法院選前把《兩岸協議監督條例》復議，則可能反應不當。

馬總統一向的邏輯是：「服貿協議通過，台灣才有機會加入一些區域經濟協定；加入區域經濟協定，台灣的經濟才有活路。」這個說法好比：「我們要先搭上巴士，才能去機場；去了機場，我們才能出國。」

但是，先不談搭這巴士的代價，一個人如果不先知道自己出國要去哪裡，就算去了機場有什麼用？一國總統，始終指不出自己國家經濟發展的方向，打造不出產業升級的利基，光指望加入區域經濟協定有什麼用？菲律賓和柬埔寨可是加入馬總統念茲在茲的RCEP的，又如何呢？韓國是先有自己的國家和產業發展的方向、策略與重點，再把中韓FTA納入其中的一環，這樣才如虎添翼，進退有據。而我們呢？我們如果沒有經濟和產業發展的方向、策略與重點，卻整天喊拚經濟，那不就是原地旋轉籠裡把自己累死的天竺鼠？光以爲和中國大陸簽兩個協議就是萬靈丹，那不是爲有識者笑？

何況，不要忘記，才前幾天，對岸已有人請「地方頭頭小馬哥」注意：「台灣經濟已經離不開大陸，台灣也已沒有同大陸對抗的本錢」。我們沒有經濟和產業發展的方向、策略與重點，就盲動亂動，落人笑柄倒罷，只怕將來欲哭無淚。

我們的確不能不結合、不能不善用中國大陸。中國大陸是我們極爲重要的市場，也是極爲重要的資源。但，不能成爲我們全部和唯一的市場與資源。所以，必須謹慎從事。

韓國，當然是我們不能不重視的競爭對手。但是不能因爲韓國走快了什麼腳步，就自亂分寸。何況，以服貿協議卡在立法院來說，根本原因是政府沒有走該走的程序。就像是在搭巴士，政府是司機，沒有程序正義就是闖了紅燈；被人民抗議而卡住，就像是開罰單而停下來動不了。現在司機指著窗外，嚷著說：「不要開罰單了，快開車，再不開都要被別人超車了！」就算眞的被超車了，責任是誰要負？不是那個闖紅燈的司機嗎？所以不要再把責任推到在野黨頭上，更何況反對的人遠不只在野黨。

因此，對於中韓FTA此事的因應，我的建議是：

一、等九合一選舉結束，請政府趕快提出早就該提而沒提的經濟與產業的發展方向、策略與重點，並告訴我們要加入各個區域經濟協定和這些方向、策略與重點的目標和關係。

二、《兩岸協議監督條例》，政府壓了六年多沒送進立法院，不急在選前這麼倉卒的情況下覆議，或者只想通過徒具其名的條例。這是關係兩岸來往的根本大法，太多背景和細節都該讓社會各方面充分注意、討論。

三、不論是根據ＥＣＦＡ的協議精神和內文，或中國大陸和世界各國談判ＦＴＡ的慣例，都應該貨貿早於服貿。我們莫名搞出服貿早於貨貿，造成社會偌大動盪，本就不該。加上中韓ＦＴＡ也是貨貿，對台灣的衝擊更大，因此政府應該落實先貨貿後服貿的應有談判順序。

其他，都是枝節，毋須過度反應。我們已經陷入險境，盲目地亂動，只會把腳伸出懸崖之外。

後續發展

六都大選的前夕，許多人都為之熱切、興奮、緊張的時候，我完全沒有。開票當天，我一直關掉手機也關掉網路，忙我自己的工作。

最後結果，台灣的人民真是用選票好好地教訓了國民黨。這儘管在我意料之中，但是幅度之大也還是令人不能不悸動於「民心向背」的真義。

國家圖書館出版品預行編目(CIP)資料

如果台灣的四周是海洋：我們要敢於和過去不同，敢於和對岸不同，敢於在險境中開創新的未來。二十年時間將決定我們是滅亡還是新生。/ 郝明義著 . -- 初版 . -- 臺北市：網路與書出版：大塊文化發行 , 2015.09
384 面 ;17*23 公分 . -- (Hermes ; 15)
ISBN 978-986-6841-65-1(平裝)

1. 時事評論　　2. 言論集

078　　104008836